修行不入迷宮

沿著六波羅蜜邁向覺醒

The Backdoor to Enlightenment

札丘傑仁波切——著
莊和穎——譯

目錄

致謝

已悟究竟智慧、俱足圓滿慈悲之覺者
親身體現六波羅蜜之菩提薩埵眾
我摯愛的上師是祢們所示現的化身
我以讚嘆之心向諸位頂禮
請您們來到這裡，帶來吉祥
請加持我的心續，並爲一切有情淨除無明的黑暗
請在我的耳邊低語，訴說六波羅蜜的秘密

向我的根本上師達賴喇嘛及導師：夏口Ken仁波切、Gen尼瑪、Khensur仁波切耶喜圖天、以及泰和的Khensur仁波切、Gen洛桑尼瑪，致上最深的虔敬與感謝。

由衷地感謝艾許莉·奈博斯克對本書提出多項深富智慧的見解。

對將本書翻譯爲繁體中文的莊和穎，我賜予加持並致上誠摯的謝意。

此外，我向一切世間及世間之外的朋友獻上愛與感謝。

譯者序

札丘傑仁波切的教學清新、幽默、流暢宛如幽谷中的小溪。他的行事風格有菩薩的慈悲歡喜，也有羅漢的瀟灑不羈，其至情至性有如行雲流水，不著一點痕跡。

仁波切的教學首重破除迷信、回歸自性，在禪味兒中將佛法帶到日常生活裡。他重視生活佛法，實實在在地引導現代人活出積極、健康、快樂的人生。同時，他擅長破除修行人閉門造車的毛病，打破狹隘的觀念和自我限制的障礙。

對初接觸佛法的人而言，傳統的佛教語言艱澀難懂；就算是對學習頗有時日的佛弟子們來說，礙於文字的阻隔，也可能難以從豐富的內涵中吸取到適合自己現階段成長的養分。語言經歷了世代的演變，使得最初的佛教語言與現代人的生活之間產生了一道鴻溝，致使渴望為心靈補充養分的現代人，常對看似深奧的語彙望而生畏。

仁波切以傳統的內涵、現代的演繹賦予傳統佛學新生命，為古老的傳承與現代生活之間搭起一座穩固紮實的橋樑，不愧為現代人心靈徬徨時洗滌塵垢的一流清泉。

健康的精神食糧是不分種族、宗教和派別的。在此感謝幫忙傳遞這份精神食糧的朋友們：幫忙打字的林嘉如、王薏雯和王譽璇小姐。

【引言】

當下即點亮覺醒之光

如果你現在就有一顆覺醒的心，那你會過著什麼樣的生活？是不是所有的心願都能實現，所求皆順遂，享有完全的幸福快樂？還是寰宇奧秘盡繫於胸襟的你，終於能揭開生命所有的神秘面紗？覺醒之後的你，是不是有能力消弭戰爭、終結人類的痛苦，甚至令全世界的人類從大夢中醒來？覺醒之後的可能性是無限的。

每個人對「覺醒」二字所下的定義都不同，而每門宗教對於如何趨近完美、擁有幸福快樂的人生，都有自己的一套理論。比方說，爲什麼有人生活得很幸福，有人則不然；還有在某種機緣下符合某種條件、擁有某些特質的人比較容易擁有幸福快樂等。雖然我們不確定所謂的覺醒是指死後在天堂永生或是往生淨土，還是得苦修好幾輩子，但是我們都相信自己現在就能對人生有更深刻的了解，過更快樂的生活。每個人對完美下的定義也許不盡相同，但是幾乎人人都認爲：反正那個「完美」指的絕對不是我。

樂觀的人心想：很久很久以前在印度、中東或猶他州的某地曾經住著某個覺醒的人，只要我們能不犯下過錯就可以活得像他一樣快樂。如果世上眞有開悟覺醒這回事，那我們唯一能肯定的便是它一定發生在過去或未來。大腦不假思索地將「現在」兩個字刪除了，爲什麼呢？

數百年來西藏的佛教徒努力不懈地按照一位覺醒的印度人所傳的方法修行，一心只願未來能藉此開悟。他所留下來的方法名爲「六波羅蜜」。數百萬名佛教徒每天祈願藉由慷慨布施、品行高潔、持戒完美、有耐心、能忍辱、修行精進、得禪定及智慧的因緣能證得菩提，令眾生離苦得樂。由於六波羅蜜是修行的基礎，很多佛教徒每天唸誦多次，終其一生。本書旨在探討六波羅蜜的內涵和精義；不以宗教的角度，而是以個人及宏觀宇宙的角度爲出發點，探討何爲六波羅蜜。

本書既不屬於探討佛教教義也不屬於宗教類的書，我們所要探討的是如何寬廣不設限地去觀察世間萬物。不論你的宗教信仰爲何、不論你住在地球上的哪個角落、更不論你坐擁金山還是居於陋室；你該如何在此時此刻活出精彩人生，將自身潛力發揮得淋漓盡致。

人人應該有權享受自己辛勞的汗水滋養而成的果實，同時過著安詳寧謐、自由精彩及充滿勇氣的生活。我們都是地球公民，擁有地球公民的權利。只要懂得行使這天賦的自由，你的人生將從此改觀。兩千年來，哲學家們針對六波羅蜜的著述很多同時也提出許多如何讓心靈平靜、超越世間痛苦，也就是證悟的方法。

歷史上研究佛學的哲學家們無不精研六波羅蜜，也都各自提出超越世間痛苦的方法。就他們苦心研究的成果看來，最樂觀的情況下，不論你選擇哪一條路，也只能期望千百世的苦修能換來某天的高枕無憂。但就算你再有耐心，這未免也太漫長了吧。

萬一你本來就沒什麼耐性，又是天生的懶骨頭呢？或是你壓根兒就不相信輪迴？任何稍微實際一點的人都會立刻拋開修行的念頭。萬一你不屬於那一型的人呢？萬一你既不勤勞、又急性子，更不知道究竟是以後有數不盡的來生、還是今生就是你的唯一呢？

萬一你是那種不先打破沙鍋問到底，絕不盲從的人，但你還是想要究竟的快樂，那你該怎麼辦呢？要是你相信死後上帝會讓你進天堂，但也想在那之前就活得快樂呢？本書是爲這樣的你而寫的。學者們常忘了曾活在這個世界上的佛陀也有過同樣的煩惱，也想要「現在」就遠離痛苦、生活在平靜之中。

從煩惱的娑婆過渡到覺醒的彼岸，從凡夫蛻變成覺者，只在一念之間

佛教的創始者，佛陀—悉達多．喬達瑪非神、非預言家也非救世主；和我們一樣身爲人的他，憑著自己的努力成爲「覺者」。佛（Buddha）梵文的意思爲「覺知者」。二千五百年前悉達多出生在北印度藍毗尼釋迦族富裕的王室中。

出生時，一個預言家說：未來他要不是會成爲一位偉大的國王就是會離開皇宮去修行。他的父王不願見到自己的兒子離開國土，給了他一般人連做夢都想像不到的財富。國王讓他過著隨心所欲、要什麼就有什麼的生活；現實生活殘酷的一面都被擋在城外，出現在他眼前的盡是美妙的事物。但是就如同許多坐擁榮華富貴的寵兒，這種生活無法滿足悉達多。漸漸地、他開始懷疑自己是否只是在浪費生命。

某天夜裡他悄悄地溜出皇宮，走到城郊。這時他見到了何謂老、病、死。生命竟有如此殘酷的一面，他感到非常震驚，更深深地覺得探索生命的意義是刻不容緩的一件事。當時二十九歲的悉達多做了一個大膽的決定：放棄富裕的生活，成爲一名追尋眞理的流浪者。他訪遍當時的大師，卻發現他們也還在尋找。不論什麼法門都試過的他，嘗試了所有嚴苛的苦行。他拒絕生存最基本的需求、讀遍當代權威的著述，只希望這麼做就能覺醒，卻還是無法克服「苦」的本質。各派大師給他的答案都是：「一個人得經過累世的修行才能享有福報和究竟的快樂，至於從苦裡解脫，是神的專利。」這個答案既不能令悉達多滿意，也不能令我們滿意。

在眾多苦行大師的門下苦修了六年，最後他終於一個人踏上尋求眞理的路。

當他行至納朗加納河畔的菩提迦耶，在一叢灌木林裡的菩提樹下安坐下來，決心放下心中所有的掙扎與期望。於甚深禪定中，萬象的本質一層一層地向他揭露；最後他終於徹底地證悟，直接見到眞相的全貌。

當金星從地平線上昇起的那一刻，悉達多達到不可動搖的境界，他終於證得菩提了！這是一種全然覺醒的存在。追尋日久的眞理，解答一一躍至眼前；此時他對眞理的體驗之深，簡直難以言喻。

當佛陀徹底了解造成痛苦的原因和解決痛苦的方法時，突然發出「噗哧」的一聲。多年以後，弟子請教他當時爲什麼而笑？他說：我一直都在尋找「覺」，後來才發現自己竟然一直都在「覺」裡。在一番努力、苦修和試練後，他發現從煩惱的娑婆過渡到覺醒的彼岸差別只在一念之間。雖然外表上他看起來還是同一個人，但是他眼前的世界已然呈現不同的風貌。雖然證悟已至究竟，但他還是「人」。

別讓學者和宗教狂熱分子模糊事實的焦點。佛陀和你一樣是人，他也和你一樣想活得快樂。你是否因爲自己不符合世間衡量完美的標準，而認爲自己不值得快樂？佛陀和你其實並沒那麼不同，你們之間最大的不同點是：他克服了這個觀念。

歷史上的佛陀爲了從苦裡解脫離開了妻子與剛生下來的孩子，沒和家人討論，趁夜出走。這又符合了哪種道德規範？是布施？還是忍辱？雖然這些事令人質疑，但是他卻證得菩提，過著快樂的生活，成爲當代聖哲的典範。

與其老是挑自己的毛病，不如思考到底什麼是「完美」。

我們對「完美」的定義很極端，這兩個字聽來若非遙不可及，即是純潔無暇、連一絲污染都找不到。不論你對完美的定義屬於以上哪一種，都會替自己增添無謂的煩惱。

雖然自己也不願如此，我們卻經常不自覺地拿「完美」這把尺丈衡量自己。一開始就訂高目標，只有增添無謂的煩惱。目標訂得合理，才能對心靈成長有幫助，否則它將成爲挫折和煩惱的根源。人類的潛能超乎想像，能做許多了不起的事。胸懷大願是很好，但若在表面上以高標準約束自身的行爲，事實際上卻成爲另一個自虐的藉口，可就危險了。你想虐待自己我沒意見，但是自虐還需要找理由嗎？

完美是不是就等於「美好的事物」？這種觀念很可疑，畢竟「好」跟「不好」是相對的。

不論你的傳統文化爲何，通常我們稱能滿足需要、對自己有利的就是「好的」，但是不同文化與不同的價值觀彼此認同的好壞可能恰恰相反。人類一致認為「好」或「善」的都是有益健康的事；反之，造成疾病和死亡的都被歸類成「壞的」。其實衰老和死亡正是成長和生命的一部份，兩者所扮演的角色，在健全的生命裡缺一不可。

完美並不是一股腦兒將所有的好東西全吞進肚子裡，經過消化以後再轉成疾病和死亡。完美是成長與衰老、生命與死亡之間的美麗平衡。

佛陀覺醒後說明究竟的快樂和完美的平衡有哪些特質。想擁有究竟的快樂必須培養六種特質，梵文稱它們為六波羅蜜或六種完美的特質。藏文稱之為「過渡到彼岸」、「超越」、「平衡」。這些特質既不是佛陀從別處學來，也不是突發的靈感；這些特質一直都在他的心中，最後他全然地覺知自身的存在盈滿上述特質，他超越了有限的物質、超越了善惡的分別，脫離有苦的世界，過渡到覺醒的世界。矗立於生與死的交接點，一種完全的平衡。

把彼岸當成一個眞實的世界，這種想法的確是很美，畢竟我們現在也生活在物質世界裡；天堂的存在可以撫慰人心。不同宗教給天堂取的名稱各異。有的稱淨土，有的稱爲天堂、樂園。但天堂不屬於物質世界；就算你有機票也不能飛到那兒去。你口裡誦的「過渡到彼岸」，並不是指肉體的移動，也不意味著超越、脫離物質世界。我們的肉體不管去到哪兒都無法逃離生存的痛苦；過渡指的並非實體的移動，而是心念的轉變。肉體雖然在痛，心卻可以離苦。

就算你選擇否認、不正視這個令人不快的事實，毫無疑問地我們的世界充滿哀老、痛苦與死亡。我們生活的世界本質即是苦；它雖然苦，卻生氣盎然、洋溢著生命的喜悅。六波羅蜜是指一種平衡的狀態。身心越平衡的人生活得越快樂。

因爲快樂本身就是平衡。六波羅蜜的內涵並非外在作爲。布施、持戒、忍辱、精進、禪定、智慧，不過是用來裝飾大腦的詞彙。它們是我們的天性，與生俱來。不過話說回來，果眞如此那我們不都開悟了嗎？

不必在乎城牆和侍衛，直接穿過那些沒有意義的東西吧！

不妨想像一下這個畫面：很久以前，有個牧人獨自行走於沙漠，發現了一個小綠洲。他走到一棵樹下，如茵的綠草環抱著一泓冒著輕柔氣泡的泉水。泉水是如此的清澄寧靜、深不見底。口渴的牧人將手伸進泉裡啜了口泉水。他從未嚐過如此鮮甜甘美的水；頓時通體舒暢。解渴之後，他驀然發現眼前的世界看來和從前不一樣了！身處炙然驕陽下但覺清涼舒爽、心滿意足。他心想：這應該是一口聖泉。

由於牧人喜歡分享，此刻他腦海裡浮現的第一個念頭就是和全世界分享泉水。很快地，他把朋友們都找來，準備宣告這個令人驚喜的大發現。朋友們都津津有味地聽他講述聖泉和甘露的故事，並隨他至沙漠中泉水的發源地。一行人站在樹下欣賞清澈的泉水。大夥兒都小心翼翼地，深怕踩禿了綠茵。

美景當前，朋友們點頭說道：「你發現的泉水當眞無比聖潔，我們一致贊同。」

「等嚐過以後你們就知道了，」牧人幫朋友舀了一瓢水。

朋友們異口同聲：「我們不能喝！」

「爲什麼？」牧人問。「我喝過了，味道甜美極了！你不喝損失可大了。」

一個朋友開口道：「我相信一定很好喝，但這可是聖泉耶！」

另一個朋友也開口了：「我們最好站遠點兒，才不會污染泉水。」

「說的沒錯。」所有的人都點頭，並自動後退一步。

「它深不見底，不必擔心汙染，」牧人說。

另一個朋友開口問：「喝起來滋味究竟如何？」

「爲什麼要我形容？」牧人有些生氣：「自己喝喝看不就知道了？」

「我們應該先淨化自己。你竟然毫不遲疑地喝下這聖潔的甘泉，一定是個聖人。」

「我只是口渴的時候，發現自己口渴了，口渴要喝水是一般常識。你們打算要怎麼辦就怎麼辦吧，我該去看看有沒有人口渴了。」

一個朋友說：「好，你去吧。我們留在這裡守護這口秘密聖泉。」

牧人邊搖頭邊上路去找頭腦清楚的人。很快的，他到達一座小鎮，告訴鎮上的人他發現泉水，有些鎮民決定跟他去泉水的源頭。才踏進水源他就看到朋友們在水邊築了一道考究的籬笆，且都陷入沉思。

「我們神聖的導師回來了，」他們說。

「別聽他們的，」他對剛來的人說：「你們一定要嚐嚐水的味道。」當他越過籬笆走近泉水，新進群眾都跪在地上齊聲說：「眞了不起，他竟然敢從後門走到泉水邊！」

「後門？」牧人說：「這泉水本來並沒有前後呀！」

「大家都知道無論任何聖地都要從北方進入，」第一個朋友說：「只有像你這種聖人才能從其他方向進去。」

「一般大眾應該脫鞋，」第二個朋友說。新來的人得知後都非常感謝，急忙脫去鞋子。

一個新來的人說：「泉水如此神聖，你們覺得一道籬笆足以保護它嗎？」所有的人都同意明早加蓋一道牆。

牧人離開了。每當他回來，都會看到泉水前修築了更多的城牆和屏障，人們參觀泉水前要先舉行複雜的儀式。原本的沙漠小綠洲裡建起了四周環繞護城河的巨大神廟，並有祭司看守著。甘美的泉水在這塊土地上無人不知，無人不曉。有人說它能治百病，還有人說喝了它便能長生不老。

牧人總是一面望著人們訝異的神情，穿過人群、大門、城牆、神廟直抵泉水，坐定後靜靜地飲用。返回沙漠的旅途上，人們都前來請教他該如何接近聖泉。

「我只是直接穿過那些沒有意義的東西。反正往左或往右其實都一樣，前門本來就建得太狹小。」人們點頭說道：「眞的，這個人眞的知道這條路該怎麼走，我們要是也有這種體悟就好了。」

就這樣又經過了許多年，牧人和聖泉的傳說遠近馳名，舉國上下的聖賢們都忙著繪製聖泉朝聖圖，教大家朝聖前該如何淨化，又該如何通過迷宮般的城牆和圍欄到達聖泉。有一天，牧人老了；臨走前，口中喃喃道出他此生一直重複的那句話，這是最後一次了：「去喝泉水吧，味道眞的很清涼、很甘甜！不必在乎城牆和侍衛，從他們身邊走過就行了，他們不會攔你的。」

人們都認爲他的話蘊藏著深奧的哲理。當此地最偉大的聖人去世時，人人保持謙恭與沉默，牧人就這樣帶著泉水的秘密離開了。

眞想覺醒，就要遠離自身觀念所形成的障礙

佛教稱我們的世界爲娑婆世界——一個屬於幻相的世界。在這個世界上你可以盡你所能地去追求任何想擁有的東西。但是若你眞想覺醒，就別只盯著城牆和護欄，因爲這麼做你就只能看到城牆和護欄。若你執著於「追尋」本身，那麼你只能成爲一個「追尋者」（an expert seeker）；你應當做一個探索自心的「發現者」（a finder）。眞想覺醒，就要遠離自身觀念所形成的障礙，如此自然有所領悟，這就是覺醒的後門。雖然故事裡的牧人在沙漠泉水裡找到它，無論你身在何處，都能就地找到這扇門。

人們總是喜歡構築東西，包括蓋房子、修橋、鋪路以及創造語言、文字等繁複的溝通技巧。娑婆世界是個創造萬物的好地方。我們在無垠的空間裡隨心所欲地建造各式各樣的創作，其中也包括煩惱。煩惱當頭時，想得越遠問題擴大；想得越深便陷得越深。

佛陀道出六波羅蜜是一座通往自心的橋。行過這座橋就能跨越苦海和人爲觀念進入自心的覺明。但是我們卻在橋的四周創造許多規則，讓這座橋變得寸步難行。我們認爲：

- 能做到毫無保留地布施才能證悟，如果不能心甘情願地把血肉施予餓狗，我們就不能證悟。
- 一言一行都要符合道德規範。即使世間禮俗經常在變，若不遵守所有的世俗規範就不可能證悟。

●沒有十全十美的耐心也不能證悟。你應該要耐心地等全世界的人先你而成佛，沒有此般耐心也不能證悟。

●不夠勤勞的人不能證悟。任何工作都要不辭勞苦、高高興興地承擔。稍微覺得辛苦或有怨言的人沒資格談證悟。

●不能一心專注的人不能開悟。心念連片刻都不能離開究竟實相。太關心周遭事物的人跟開悟無緣。

●覺醒的人擁有完美的智慧。我們不是全知，當然沒資格覺醒。

這麼說來，覺醒聽來不但不像天堂，倒比較像集中營，難怪沒有人急著去那裡，光想像已經夠累人的。

你累了嗎？如果能暫時放下手邊的工作，哪怕只是一分鐘，去覺察自己內心的感受，你當下的感受是什麼？覺不覺得人生像一場苦戰，雖然拼命努力事情還是做不完？有時甚至覺得自己在不知不覺間正慢慢地被這個世界壓垮？隱約之間，內心有股無以名狀的不安，對人生充滿疑惑？這種感覺究竟是打哪兒來的？事實的眞相是：人生的旅途充滿痛苦與掙扎，而且遲早都要面對死亡。雖然這不是件愉快的事，卻是不爭的事實。

在我們這個世界上盛行著某種怪現象：我們還以爲只要假裝這個事實不存在，它就不存在。你也許爲了生活終日奔波，也許忙著參與許多活動，壓根兒沒時間觀察自己目前的現況，但是當忙碌的一天結束時，你總是十分疲倦，第二天帶著同樣的倦意起床。等到那麼一天，這些疲憊的日子接近尾聲了，才驚覺自己正邁向死亡。意識到這一點時，第一個反應通常是憤怒；但是畢竟憤怒是種令人疲憊的情緒。也許最後你會選擇放棄，心想不如就這樣死了算了。你所得到的是：這一輩子沒有一天是快樂的。

我們在無明的洪流裡自我洗腦，預設生活應該是很輕鬆的，任何事情只要到了手邊，我都應該像有超能力般豪不費力地達成任務。任何東西，只要是自己想要的，都應該要得到，忘了它們其實都得付出代價。無論自己想成爲什麼人物，就註定能成爲那樣的角色，忘了成功的背後往往藏著一連串失敗的故事。我們以爲只要假裝自己什麼都懂，就眞的什麼都懂了，只求永遠不會遇見試煉。我們認爲自己應當擁有天下的一切，若不是這樣，原因一定是因爲自己是不可抗力環境下的受害者，或只是因爲不夠「相信」自己能得到。這些似是而非的觀念只會令人沉迷。沉迷越久，宿醉的副作用就越大；當快感消逝，現實就在下個轉角等著你。對自己的處境駝鳥多久，就等於浪費自己多久的生命。現在讓我們趕快進入主題吧！

誠實地檢閱現況，才可能看清阻礙覺醒的障礙物

想要在覺醒這條路上打勝仗，最佳的秘密武器是「誠實」，最大的挑戰莫過於預期心理和自我欺騙。還不能看清是什麼阻礙了自身的覺醒前，應先誠實地觀察自己的現況：我是說「你自己」的現況。首先，別預設生活應該都是舒適寫意的，因爲它本來就不是。

從數不清的精蟲歷經千辛萬苦才和一個卵子結合開始，生命在其源頭即可看出歷程之艱辛。看來不費力的單細胞生物並沒有眞的在「過生活」，更別提是否能覺

醒開悟了。有些人則說：只要加入我的信仰，你將不再有痛苦、從此一帆風順。這種理論暗藏著洗腦的意圖，而且貶抑了個人生命的意義。彷彿過去辛苦的歷程、得來不易的成功和收穫的喜悅，可以這麼輕易地被一筆勾銷。我們該徹底認清的是，再重述一遍：生活不易。

其次，正因生命並非永恆，才應珍惜每一刻。若只能再和所愛的人相處一個小時，在這一個小時裡你會把多少時間花在爭執上？會把多少時間花在整理衣櫃和看電視上？還是把這些事情先放在一旁？爲什麼你會在一念之間做出完全不同的選擇？雖然先進國家人民的平均壽命爲七十七到八十五歲，但誰又能保證自己能活到幾歲？

生命到了風燭殘年時往往都消耗在病痛中，而且從現在開始到生命結束的那一天，有三分之一的時間會花在睡覺上。不妨先計算此生還剩下多少時間，再思考該如何利用。你想把剩下的時間花在擔心瑣事，或沉溺於毫無意義的煩惱上嗎？不妨自問要如何將有限的時間用於創造自己在這世間想要有的生命體驗上。世間唯一不變的事即是萬事萬物都會變；有誰能肯定自己還剩下多少時間？

最後，與其自我洗腦，自我催眠地說：我是個成功的人、我掌握大權、既有智慧又備受尊敬等，不如採取行動將夢想化成事實。開創成功的人生所需消耗的精神比困惑一生所需消耗的精神要少很多。你每天花多少時間在說服自己和他人「我是如此這般的一個人」，不過你形容的那個人根本不是你自己？你是否正努力將自己塑造成一個更聰明、更富有、更時尚、更善良，總之就是比原來的那個你「更好」的人呢？你只是在浪費精神。難道你眞的以爲別人看不出你在假裝嗎？還是你眞的以爲大家會喜歡一個比自己要「好」很多的人？

大家都喜歡在他的面前可以放鬆、可以自由自在地表達自己眞實面的人相處。又有誰覺得能在虛情假意的人面前放鬆？既然我們已經有數不清的煩惱，別再把「否認自我現狀」和「自我欺騙」添在原來的煩惱上。

承認生活的本質爲「苦」，才能進一步探索減除苦的方法。雖然生命中的痛、苦、老、死無可避免，但我們卻能減輕隨著這些痛苦而來的煩惱。

在「六波羅蜜的秘密」中，我們要談的是如何一邊減輕煩惱、一邊擴展覺醒的體驗。只要先誠實地面對煩惱的本質，接著去體會每一章開頭對應此項煩惱的「領悟」部分，便能癒療焦慮不安的情緒，將原本花在煩惱上的時間轉成快樂的時光。

先找出問題所在：是個性易妒、房子太髒亂、體重過重、對目前的工作不滿意，還是有焦慮傾向？再找出對應問題所需的解答。對六波羅蜜的了解越透徹，生活的滿意度越高。

打好任何球賽前，得先了解遊戲規則；想獲得成功，也必須了解這個世界運行的法則。了解六波羅蜜不但有助於解決生活上的問題，還能減輕無明造成的挫折，因爲你將能逐漸體會這個世界背後運行的法則。你知道如何採取有計畫、有效率的方法做事，還能合理估計事情的結果，並能成功管理自己的情緒、爲自己的人生負責。六波羅蜜對渴求深層心靈體悟的人而言，是直指目標的捷徑。

沙漠裡的牧人渴了，於是他喝水。佛想從受苦的夢境裡醒來，於是他醒來了。在漫長的苦戰中，他先捨棄令人分心的世事，再摒除逃避的作法。最後，他安坐了下來，便覺醒了。

你最想做的事情是什麼？想讀書？那就讀書吧！想參加法會、儀式？那就參加吧！想出門吃一頓豐盛的午餐，然後看場電影？打電話約朋友吧！不過別把這些跟覺醒混爲一談；要覺醒，只需醒來。需要幫忙嗎？現在醒醒吧！

好了，你已經醒了。那麼現在該做些什麼呢？什麼？你說你不相信自己已經醒了？下面有六個很好的理由，足以解釋爲什麼你早已生活在覺醒中，然後再告訴你一個秘密，你就會明白我到底在說什麼了。但在那之後要不要過覺醒的日子就要靠你自己決定了。

1

布施

無常的智慧

在變幻無常的世界裡，俯拾之間皆蘊藏無限的可能性
世間因無常而豐富、綺麗、多采多姿

無常。這兩個字聽來好像不大吉祥？不像是個完美特質，倒像是個威脅？

我們慣於視無常為大敵，總是戰戰兢兢地深怕自己受害。畢竟老化和死亡都歸咎於無常，它令我們無法留住自己所愛的一切。也許我們現在不該安安穩穩地坐在這裡談無常的完美，而是要趕緊去外頭堆沙包，免得一場名為無常的洪水，在不知不覺間已悄悄滲進我們費盡九牛二虎之力才建立起來的安定生活中。

事實並非如此，因為我們所生活的世界就是「無常」。看不清這個事實所生的煩惱，和在無常的波浪裡載沉載浮，兩著同樣令人不安。

你的體重過重嗎、家裡凌亂不堪嗎？你對自己的生活滿意嗎？負債或沒有安全感嗎？覺得自己不夠聰明，或是長得不夠瀟灑、美麗嗎？你容易緊張嗎？不論多麼努力工作、加班時間再長，賺的錢還是不夠蒐集所有你喜歡的東西嗎？這個世界對你而言並不有趣嗎？你覺得無聊嗎？

如果回答是肯定的，或是你不想回答某些問題，那麼恭喜你！因爲你和地球上多數的人一樣，有機會在這輩子領悟布施波羅蜜眞正的意義。更棒的是，這些煩惱都是自找的，它們不一定要是你生活的一部份。只要用點智慧，你也可以克服它們。

痛覺是生命自然的一部份，「不滿足」的苦則可以避免

上述症狀都源於「痛」和「不滿足」。最原始的苦是肉體的疼痛。凡有神經組織的有機體都會想盡辦法避免的苦就是「痛」。

「痛」是一種你無法避免的自然反應，壓力會將其戲劇化、使其變本加厲。這

種現象可以藉著本書後半的「領悟」大爲改善，能改善的程度超出一般人的想像。由於我們天天都在受苦，根本不想承認自己的苦。習慣受苦的我們甚至已無法分辨：何爲苦的結束、何爲享受。舉例而言，按摩只是暫時舒緩緊繃的肌肉，並沒有得到額外的享受。同樣地，肚子餓了得塡飽肚子，用餐的滿足不一定是食物可口，而是飢餓的解除。要是你曾經吃飽了還繼續把食物塞下肚，相信你一定知道我在說什麼。

「痛」雖令人不悅，卻也不是完全負面的。假如「痛」讓我們覺得很快樂，它就失去應有的功能了。這種自然反應在你肚子餓、受傷、發高燒時擔任警報器，是神經系統告訴大腦「身體需要關注」的溝通方式，讓你知道哪些活動是安全的，哪些是有害的。

萬一神經系統失去作用，對我們會造成很可怕的傷害。細菌性感染的麻瘋病就是因爲桿菌攻擊末梢神經，導致身體失去「痛覺」所造成的。病人會因爲日常生活裡的一些小動作，比如抓癢、端熱咖啡、穿不合腳的鞋子、甚至咀嚼食物而受傷。即使傷口已經發炎，病人也不覺得痛，使發炎更爲嚴重，甚至肢體變形。

痛是身體在告訴大腦：自己的極限在哪裡。痛覺是生命自然的一部份，「不滿足」的苦則是可以避免的。

簡單地說，不知足源自於無法在「夠」的時候認知其實已經「夠了」，這是現代社會生活的一大挑戰。

抱持這樣的態度會造成生活壓力，影響健康和睡眠品質，讓我們的生活不快樂。在人際關係方面，壓力則造成我們難以和配偶、孩子、親友和諧相處。

我們都有這樣的經驗：對配偶抱期望過高，遠超過對方能力所及。我們也都有過這樣的經驗：自己愛的人對我們期望過高，竭盡所有時間和心力還是不夠。

以全球的角度看來，「不易滿足」令我們對他國或他民族提出不合理的要求。最簡單的例子就是戰爭──「不易滿足」是釀成戰事的禍端。當我們能因爲擁有個人所「需要的」，而不是個人「想要的」而感到滿足，那麼我們所居住的這個星球無論在生態環境、文化、或政治上而言，一定能成爲一個幸福快樂的星球。這一切都要從自身開始做起。

到底要等到什麼時候，你才會決定「現在夠了」呢？

我們所消耗的資源遠超過需要量，已經到了近乎病態的地步。全球大量人口處於半飢餓，甚至饑荒狀態，但在某些國家，肥胖卻成爲全國性疾病。地球上有少部分的人正在用獅子大開口的速度呑食屬於全球的資源。當騎自行車既方便又好玩時，我們選擇開車；東西壞了與其送修，買新的既省事又便宜，我們就選擇買新的；衣服換季就退流行了，我們選擇買新衣；家具不時尚了，我們就買新傢俱；房子舊了，我們就換新房子。

我不禁懷疑：難道人的天職就是把商品變垃圾？人們似乎以爲自己越能把昂貴、精緻的物品變成垃圾，就表示自己越成功。可預期的是，當你今天的消費總是比昨天高，勢必要更努力工作才能滿足日益高漲的消費。於是，就這樣，你的生命在無聲無息間流逝了。到什麼時候你才會覺得「夠了，就眞的是夠了」呢？

上述這些跟布施有什麼關係？未經訓練，的確看不出彼此的關連。對一般人而言，布施比較像經濟行爲，也就是重新分配有限的資源。盡量收集物品和技術，然後把它們配送出去，直到物資用盡、人力疲竭爲止。既然慷慨解囊的是樂善好施之人，那麼布施量少的就是吝嗇之人了吧。其實，布施波羅蜜是其他波羅蜜的基礎。正因爲學習其他波羅蜜都要從學習「布施」入門，因此確實了解、掌握它的內涵很重要。

多一點自我覺知及觀照，避免布施的濫用

培養分享的美德是一件好事，即便我們從粗淺的表層意義而言，分享也能成爲貪心和虛榮的解藥。怎麼說呢？在分享時間、物質或愛的同時，我們會在心理上對他人保持開放的態度。這種態度能幫我們減輕對身外物的執著。

貪心時，我們的心態通常會比較偏執及不健康，如此一來，本來令你開心的事

情也可能會變成悲傷的源頭。要是你願意和別人分享，就不會再緊緊抓著執著的東西不放，心裡比較放得下。如果無法眞的把東西送給對方，或是這麼做不切實際，也可以在心裡想像分享的畫面。慢慢地，直到執著不再困擾你爲止。

如果你很驕傲，這表示你沒有能力正確地看清自己處在世界的哪個位置上。你喜歡說服自己和周圍的人、越多人越好：我是宇宙的中心。假如現在你在心裡急著辯護，聲稱自己絕對沒有這種想法，那麼這種心態只會爲你帶來更多問題。這種心態顯示你執著於地位，沉浸在自己的重要性裡，也就是「自戀」。當你能以正確的角度覺察到自身和宇宙其他的能量，比如重力或電磁波之間的交流，才算得上是眞懂分享的人，同時也朝心靈健康的方向邁進了一大步。

雖然這還不算是深層的布施，但如果世上每個人都能做這種布施，那麼世界上大部分的問題就能被解決了。

如果你是個易起驕傲心的人，不妨經常對自己說：我不是宇宙的中心。我連太陽系的中心都不是，那是太陽的位置，我只是一個人。試試看，是否有覺得好多了呢？

不改變「不滿足」的心態，不論布施多少錢都無法替你清償債務。除非把錢拿給管家，否則布施也無法替你打掃髒亂的房子。布施更無法替你瘦身或恢復自信，就算你布施得再多，都無法讓你對自己擁有的感到心滿意足。

在某些情況下，布施甚至會加深原本的不滿足。也許你沒觀察到，造成布施不圓滿的是「布施的心理」。未經辨別的布施可能會帶來負債，但這還不是最嚴重的。假設你把大筆財富捐給慈善機構或贈予親友，卻是出於想滿足自己的重要性，或是更接近權力中心，此種布施對你有害而無益。

另一些人則消費成癮，爲了滿足自己消費的癮頭，以慷慨爲藉口，目的卻是在於將消費合理化，宣稱自己在爲別人消費。這種人不停地買、買、買，再將商品送給老缺一樣東西的親朋好友，則眞相是，親友只是他們用來血拼的藉口。

誠實是解決這個問題最好的武器。

若你不了解布施的眞義，那麼每次慷慨解囊前最好花點時間想想，自己「給」的動機是什麼？爲什麼要給？多一點自我覺知及觀照，對自他都有益而無害。

布施也可能被濫用；我們都知道某些當權者教唆群眾，讓他們自願過著連日常用品都匱乏的日子，當權者卻揮霍奢侈，坐享大眾辛勤的果實。

舉例而言，宗教、政治或社會團體，可能會讓捐贈者在團體中晉升較高的地位以鼓勵成員。捐獻越多，在該團體中的歸屬感和權力就越大。諷刺的是，當權者通常是邊訓練群眾爲他工作，邊收受勞動者的贈禮，這種行爲非常不厚道。

了解無常的完美，是踏上覺醒之路的第一步

除了這些缺點外，布施大多數是正面的。但如果你想從「覺醒」的角度了解布施的內涵，那就要做進一步的思考了。在本書裡，我們要談的布施是「了解無常的完美」。

在我們的身邊，隨時隨地任何新事件都可能發生。一個起點有無數可能的終點。根據你對事情的觀察和反應，無數的可能性被你的價值觀鎖定在某一點，演變爲事實。在你生命的下一小時裡，你最想做什麼？雖然選擇很多，但在這個小時

裡，時間分分秒秒地流逝，你每做一件事選擇範圍就縮小了，當這個小時終了時，事實已固定成型。

自身生命的下一個小時該怎麼過？選擇雖非無限，卻也多得令人目不暇給。

你在每個瞬息間觀察世界的角度和想法，都有可能誕生新未來。只要你還活著，改變你的世界、改變你看這個世界的角度永遠不嫌遲。倘若想完全體會無常之美，那麼當你周遭的世界產生變化時，也就是你該調整觀念的時候了。把這當成自己的責任，如影隨行。

這個世界蘊藏著源源不絕的可能性，也許我們永遠都探索不完。但是若自己不敞開心胸接受無常之美，就很容易自我設限而陷入無聊和封閉的世界。正因任何事物皆不永恆，我們才能感受到生命的美麗、多變和豐富。拒絕承認無常和改變對自己所造成的影響，等於限制自身去體驗世界的豐富性。試想：小狗的照片比較可愛，還是眞正的小狗比較可愛？你會比較常欣賞照片，還是活蹦亂跳的小狗？有變化才有互動，也才生動、有趣。這也就是爲什麼人們會花幾個小時坐在電視機前，而不是框起來的相片前。電視好看，因爲我們看得到動作、聲音、變化。

有時我們甘心執守老朽的事物，甚至選擇一直待在同一個困境裡，完全出自於不敢採取行動。在此同時，也忘了當時間分分秒秒地逝去，固守現狀本身就是一種選擇。你是在拒絕成長，是在選擇腐朽，最後還是免不了要面對改變和選擇。

「假裝它永遠不會發生」對你沒好處，體會它發生的意義對你幫助可大了。體會無常是踏上覺醒之路的第一步。

覺醒的心認知凡觸目所及的人、事、物都非恆常。有了此種認知，通常我們因迷戀所造成的不滿足就能消滅。爲什麼呢？不滿足是因爲你了解所擁有的一切皆屬無常，卻不了解自己渴望的事物也是無常。仔細觀察，相信你不難發現當自己殷切地迷上某物時，令你著迷的目標也許正以刻不容緩的速度變成你完全不喜歡、甚至認不得的樣子。當你熱切地迷戀辦公室裡那個漂亮女孩時，也許她也急切於變成你不想認識的那種人；當你一心想擁有那件時尚華服時，潮流也正在將它淘汰成過時的衣裳。

東西會變壞、變舊，人心之善變猶如閃爍的燭火，也許它們能暫時不變，但你的喜好卻已經在過程中改變了。當舞台的燈光轉變，隨著場景的變換，你不一定還想擁有當初渴望的一切，卻追不回過程中逝去的時間，你忘了人生還有許多值得珍惜的事物。這一切究竟是爲了什麼？難道就爲了一個不再是你想擁有的東西？你所處的世界是自心的投射，其本質即無常與變化。活在無常的世界，卻想讓世界停止改變，想著如何把無常變恆常，豈能不陷入煩惱？

體會無常之美：當無可避免的事情發生時，不與它對立抗爭

也許你忽略了一個常見的心理機制：爲了延續自我毀滅式的迷戀，就算事實擺在眼前，你還是會拼命否認迷戀的對象、或勾起你購買欲的商品其實已經變了。

由於忘了應該要時常觀察事實現狀，你活在不復存在的記憶裡。當你還在惋惜高中時代那個曾令你傷心的足球帥哥時，活在你心裡的是昨日的他。也許現實裡的他高中畢業以後就變了，你卻爲了一個已經不存在的狀態折磨自己。小心哦，就算這種人事變化的過程發生在眼前，你也會用這種心理機制欺騙自己。雖然站在你面

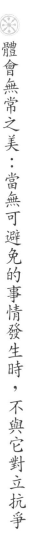

前的兒子已經長大成人，顯然情況早已改變，你的心所投射的卻是一個剛冒出乳牙的小男孩。假如你做同一個工作做了20年，這段期間內你變了，工作性質也變了，你還會喜歡這個工作嗎？還是，雖然你已習慣上班，但每個星期卻有40個小時對人生厭倦不堪？睜開眼觀察周邊的世界，別刻意否認你所見到的事實。

睜開眼看這個世界在分分秒秒間的變化。打開自己的心胸，準備接受這永不止息的變化。布施的意義不在於重新分配世間財富和人力，而是當無可避免的事情發生時不跟它對立抗爭。

不妨停下來，用一分鐘思考改變意味著什麼？我們慣於視無常、變化爲外在事物，將它們視爲外來者。因爲期待事物能保持不變而將它視爲敵人，甚至把它當成工具，希望能把事情變得更近於理想。眞相卻是：我們根本無法逃離無常，它存在於你想像得到的任何地方，比方說我們的身體裡。每天有上億個細胞在我們體內生生死死，有些白血球細胞只能活幾分鐘。人體的腸細胞平均每一至二週剝落一次，皮膚細胞頂多只能活一個月。我們連坐著都在動，想完全靜止對我們而言很困難。人體的呼吸、消化和心臟跳動也是一種變化，是這種變化供給人體持續運作的能量。

假如你的問題是體重，想想自己是否太依賴美食，學習熟悉身體的變化。吃東西前先問自己：我眞的餓了嗎？還是吃只是一種習慣？嚐一口之後問自己：味道好嗎？我正在爲身體補充健康的能量，還是因爲其他原因想吃東西？如果你不是因爲餓了才吃，那又是爲了什麼？一邊吃一邊覺知身體的變化：自己是飽了就喊停，還是繼續吃？爲什麼？你能判斷飽的時候，就眞的是飽了嗎？

假如你的問題是房子裡堆滿雜物，檢查這些東西有哪些是你從來不用的，不論東西是自己買的或朋友送的都一樣。既然它們造成生活空間的阻塞，還留著做什麼呢？是貪心、執著、還是「懶」？觀察這些物品，它們看來跟記憶中的一樣，還是壞了、不實用或早已過時了？將它們回收，再將食物櫃裡沒碰過的食物丟掉、不會再穿的舊衣送人。下次搬任何東西回家前，要考慮仔細。

隨時體會無常之美，為生命中的無常預留寬廣的空間。

緊張和焦慮都是由拒絕改變引起的。你到底在怕什麼？

倘若你缺乏安全感，要知道，這只是另類的不滿足。不安全感源自於錯誤的認知：誤以為別人擁有的比你穩固、比你具優勢、誤以為你永遠都會處於弱勢。

你不但能改變自己的情勢，更重要的是，你也能隨時改變自己的心態。時局變化，猶如潮起潮落，命運也是如此。有時水漲船高，有時站在岸上卻不見波浪，但潮汐終會復來，不是嗎？命運像海洋，有時候漲潮，有時候就是在岸邊也見不到海浪。雖然聽起來像是陳腔濫調，不過往往是退潮的時候，當情況處於最低迷惡劣的時候，我們才能在曝露的沙灘上發現之前難以觸及的珍寶。

也許你無法同時做到所有想做的事，但總有一件有意義的事是你做得到的。這件事情在進展中，情況可能瞬息萬變，你可以做的，就是盡一切可能尋覓機會。哪怕是你想做的，只是盡情欣賞自己的人生。

只要能抱著這種態度，即便生活不是事事盡如你意，你也不會爲這些瑣事煩惱。

要是你並不滿意自己目前擁有的一切，那麼只有誠實地找出令你不滿意的原因才能徹底改善。究竟令你不滿意的原因是什麼？是東西眞的壞了，或是你的處境眞的令人難以忍受？如果答案是肯定的，你應該盡全力、爲生活而改變，包括努力改善生活以取得生活所需，讓自己在這個世界好好地活下去。

但除此之外，造成我們不滿足的原因可多了。比方說，表面上是渴望讓別人刮目相看，骨子裡是爲了要證明給自己看。可以確定的是：沒有人喜歡挖苦別人的人。我們都比較喜歡跟不富有卻很快樂，而不是西裝筆挺、滿腹苦水的人相處在一起。活得知足、有意義，不論遇到任何情況都因爲已盡一己之力、活得心安理得的人最令人刮目相看。

緊張和焦慮都是由拒絕改變引起的。你到底在怕什麼？怕事情會變得比之前還糟？那麼就將目前的處境有哪些益處、利益有多大等用白紙黑字列出來。你怕的是失去嗎？仔細思考目前的現況，也許你並沒想像中的快樂。也許是你的成長已超越周邊的環境，卻不願對自己、對你所愛的人承認自己的成長。也許你已準備好要擁抱希望、迎接新的未來，那麼是接受它的時候了——現在就讓我們面對內心深處的恐懼。

除了拒絕改變之外，還有哪些方法可以避免，或將其影響減至最低？這件事情一定有某些部分沒有想像中那麼可怕，你可以放鬆一點了嗎？

抗拒或「拒絕接受無常的變化」也令人容易感到無聊。若是你稍微停下來觀看世間的瞬息萬變，無聊的心情自然一掃而空。哪怕是你只想投入其中任何一樣，你的生命都會因此改變，根本不會有時間無聊。那麼，是什麼讓你裹足不前呢？這一刻，你的酸葡萄心理會想說：「反正，只要是我想要的都會得不到，到頭來還不是白費工夫而已？」先別這麼說。試問自己：我眞的有那麼想達成那個願望嗎？是這個願望絕對不可能實現，還是我懶得去實現？

如果眞的不是因爲自己懶，那就回頭看看「不容易滿足」的問題，明知得不到的東西，爲什麼自己偏偏想要呢？不必爲了不能功成名就而悶悶不樂。人生原本就是一場生存之戰，事實上，活得開心的人已經比大部分的人都還成功了，許多超級巨星都還做不到這一點呢。

怎麼樣才算是領悟無常的完美呢？就是領悟到這個世間猶如一口源源不絕的覺醒之泉。無論你走到哪裡，快樂的元素就在哪裡。此泉水源豐沛，足以潤澤每一顆心；此泉永不受污染，是無窮無盡的寶藏。每一顆在你眼前升起的泡沫皆於那一剎那間提供覺醒的新機。哪怕天塌下來了也是一種挑戰，是成長的契機。畢竟事情不可能永遠不變。覺醒的泉源永不止息；它流啊流地，猶如多變的萬花筒，豐富而美麗。能以這種角度欣賞世間萬象的你，顯然已體悟無常之美。

若你以這種領悟無常的心情生活，心胸自然豁達。當你無論接受或付出都沒有負擔也沒有預期心理，自然不會將本爲無常的萬物視爲永恆、徒增憂煩。讓自己以欣賞的角度觀看生命裡萬事萬物的變化，不也是一件賞心悅目的事嗎？

2

持戒

自由的智慧

知道自己不必成爲自我觀念的階下囚，
擁有身心平衡的自由

啊，自由！還有比它更美好的字眼和更美妙的意象嗎？還有什麼能比它更令人神往？有什麼念頭能比它更綺麗？超越任何限制的自由、自由自在地選擇你想做的任何事情。這個詞彙帶來寧靜和放鬆的感受，讓我們鬆了一口氣。在開放的大草原上奔馳，在一望無際的大海上乘風破浪、無邊無際。「自由」這個觀念存在每一個生命的自然狀態裡。它是一個空間；一個讓我們得以生存、成長及創造的空間，如此有力卻輕盈無比，是身爲人類的我們獨享的特權，可不是嗎？

既然我們是自由的，爲什麼還是這麼不快樂？爲何常深陷工作和感情的煩惱中，受制於自己的處境？爲什麼覺得自己快被責任壓垮，透不過氣來？明知道自己辦得到的事情卻處處受限，離成功總是一步之遙？爲什麼快樂當前卻躊躇不前？如果我們眞的擁有自由，爲什麼會得上癮症？爲什麼還會深陷難以自拔的迷戀和內心交戰的衝突？爲什麼老是覺得別人在評論我們的是非？爲什麼得和別人爭論，還得處處防著別人？爲什麼？

這些負面覺受均源於架構概念之苦。此苦緊跟在痛和不滿足之後，爲人類第二大痛苦之源。我們的心具有構築複雜的概念、想法及複雜物品的傾向，這爲我們帶來許多的痛苦及煩惱。

這就好像用很多的時間調理、烘培出一個精緻的派餅，餅的餡兒卻是毒藥做成的。當冒著熱氣的金黃色派餅出爐了之後，我們好不容易坐下來好好享用，不料飽餐之後卻大病一場。——我指的不是大規模的事件，例如戰爭、種族歧視、核武或迷幻藥，我指的是我們所創造的每一樣事物和大腦裡思考的每一件事情，他們全都屬於人爲架構。

不妨就這個觀念去思維：從擺在你面前的物品開始，社會裡的每一樣東西都是人們所架構出來的。從簡單的物品，例如房屋、道路、橋樑等，你本來就視爲是人爲架構的物品開始觀察，再觀察不那麼明顯的架構，比如運動、語言、音樂和浪漫的愛情等。長久以來，人們的架構使得這些被架構、創造的概念到達現今的水平——它們都曾只是一個小點子或是一股衝動。

人們架構、創造出來的東西有哪些呢？這名單可長了！從你認爲吃披薩的時候該怎麼吃、上電影院的舉止到該怎麼開車上路。不要刻意去排除任何東西。不論你走到哪裡都排除不了這種去創造、構築物品和概念的傾向。自然不是人類所創造的，但你對它的概念卻是。外太空也非人類所創，但你唯一能夠用於理解它的想法、方法和概念卻是。

我們架構觀念、訂定規則，創造文化、組織政府，於此同時也都希望他們是原創、全球性及恆常不變的，但它們也都是某些人創造、架構出來的概念；換句話說，它們都可能成爲痛苦的源頭。

那我們該怎麼辦呢？總不能停止思考或停止製造任何東西。就算可以，你願意嗎？畢竟身爲人類，最珍貴的莫過於思想和創造。

改變不是問題。

在這麼多創意中，一定有些點子很棒、有些很傻，有些則很平凡。

我們創造傑出的發明，讓生活更方便。正因如此也製造出成堆的垃圾。很難說到底哪些發明是絕對的好或壞，只知道我們想了一卡車，也做了一卡車。

從概念生出的煩惱問題並不是出在我們創造的東西上，而是出在我們如何「面對」它。

表面上，這一型的煩惱看來近似於無常的完美中所提到的「痛」和「不滿足」。我們以爲既然擁有一點點的某種東西很快樂，那麼大量擁有一定能有更多的快樂。把這種邏輯應用在生活中，你會發現它根本站不住腳。

舉例而言，假如你很愛吃糖（對很多人來說，這一點兒都不難想像），例如巧克力，吃第一盒時簡直美味極了，但是第二盒就顯得不那麼好吃了。吃第三盒後，一個月都不想再碰巧克力，但是停一個月後巧克力又變好吃了……至少，第一盒會很好吃。

這個問題不是出在我們所創造的物品，比方說巧克力，而是你無法覺知巧克力使你的身體產生的變化。問題出在你否認了一個事實：你的身體是無常的，它會改變。它不是無底的巧克力倉庫，它也是會吐的。巧克力雖然是讓你吃到肚子痛的幫兇之一，卻非主嫌。

這一類痛苦並不屬於「從概念所生之苦」。這個例子屬於典型的「痛」和「不滿足」。還好有巧克力，讓我們看出兩者間的不同。別忘了，只要嚐起來仍感覺得到美味，大概就是你還不滿足。

概念所生之苦不像巧克力之苦那麼顯而易見，因爲與其相關的創造物不是物質的，是心智的。困擾你的不是有形的可見物。這一型的痛苦源於你受限於觀念和選擇，因而陷入泥沼。

舉一個架構之苦的例子來說明：假設你覺得吃這麼多巧克力對身體不好，決定從明天開始每天跑五英里，爲期一個月。第二天你跑五英里後臉色發紫，身體不適，但是你堅持慢跑有益健康。到了第三天你勉強自己跑一英里後改成步行；不久後便回家休息。你本來決定接下來一個月每天都要跑五英里，所以覺得自己眞不管用。到了第四天你下定決心：明天一定要跑。這時你很想坐下來好好看本書，卻莫名其妙地內疚起來。隔天你的膝蓋受傷了，但是你告訴自己要天天跑步，所以硬是把自己拖出門，在街上繞幾圈也好，一邊走還一邊怪自己連這點小事都做不好。

在這個例子裡，我們都很清楚：沒有人強迫你一天跑五英里，連建議的人也沒有。你先用「我會去慢跑」來安慰自己，讓自我感覺好一點，卻爲了這個點子賠上整個月的快樂。這個例子說明我們多麼慣於用概念綑綁自己，讓自己生活得不快樂。

或許潛意識在處罰自己吃了太多的巧克力，所以將慢跑視爲一種處罰。你的生病、疼痛與自責源於不願被強迫跑5英里。處罰只是一種概念，一種認為「我活該」（或你活該），理應付出代價的想法。值得為了跟幾盒糖果有關的事為難自己一整個月嗎？這個問題有正確答案嗎？概念是抽象的。這世界上沒有一個法庭能夠裁決你對自己的態度公不公平，也沒有警察會因為你對自己不公平而逮捕你。是好、是壞都由你自己決定。

你可以靠服從命令成佛嗎？只有自己走過的才算數

有些人認為服從、守規矩就是美德。只要是去做別人都讚賞的事，要你做什麼就乖乖照辦，那你就是個善人。假如你是修行人，更應當拋棄一切物質享受，那才稱得上是具德之人。

傳統的六波羅蜜主要是從外在行爲上下工夫，滴水不漏地防護自己的行爲，務必追求完美，致使訓練出一班既服從又守規矩的人。但是這些規矩是誰定的？這些修行人是在遵守誰的標準？萬一哪天規矩改了，他們還能證悟嗎？戮力追隨這些規矩的同時，他們是活得更自在呢，還是因此造成更糾結的內在和人我之間的衝突矛盾？

在上一章、談布施波羅蜜的章節，我們談到萬法無常，世間禮俗當然也不例外。不同的環境、不同的場合，別人的標準和你在公開場合、在私下對自己的要求會經常改變。舉例而言，在西藏豎起大拇指有「需要」的意思。小孩子想要什麼東西的時候會比這個手勢，比如：「再給我一些糖果」。在美國豎起大拇指表示「很棒」，但在印度某些地區，這個手勢卻有褻瀆的意味。

遵守禮俗就是美德嗎？難道美德的意義，只在於「遵守規矩」嗎？

行爲如果能代表良知，那麼道德良知根本無法解決上癮、畸戀和自我矛盾的問題。大家都知道，社會輿論對藥物上癮和不倫戀投以什麼樣的目光，如果有人反對就沒有人會去做這些事，那問題早就不存在了。

事實上，大眾推崇的道德標準正是造成個人內在掙扎的主因。你一邊對自己說：這不是我眞正的感覺，一邊覺得它根本就是。

墨守成規無法讓你跳脫困境，因爲束縛你的正是這些規則。在工作上，你不遵照上司的吩咐就會被炒魷魚；在人際關係上，你衡量自己的行爲是否符合社交密碼。雖然這個標準不是你訂的，你甚至是不得已才遵守的，但你還是覺得有義務去做大家都認爲「對」的事。如果它們是你自己的規則，做「對」的事情應該是一件快樂的事，而不是義務。

是什麼讓你不快樂、不能充分發揮天賦？是因爲別人相信你一定會成功，還是有人替你分析，並一一舉出爲甚麼他認爲你絕對不會成功？你認爲別人批評你，是因爲你都是「對的」，還是因爲你喜歡唱反調，你的觀點總是和別人不同？你好爭辯、保護色彩濃厚，是因爲對自己的信念深具信心，相信出於此念所行無所偏差，還是因爲你很容易受威脅而動搖，需要靠爭辯說服自己和他人「自己才是對的」？

這些問題都沒辦法靠守規矩解決。盲目服從、出於無奈的言行、限制人身自由，對你一點幫助都沒有。除非你和一群見人即攻擊的殺人犯關在一個牢裡，控制這幫人的行爲能保命，那麼你當然要慶幸有人強迫這些人守規矩。這個時候，出於被迫的行爲倒還有一點兒價值。

表面上素行良好的人不一定是善人。就如同從來沒有機會接觸壞事的人，不全都是好人。同樣的，一群被控制得宜的瘋子，也不等於是修行人。假若你完全以「行爲是否合乎規矩」作爲衡量道德的標準，那麼，你也許會認爲這群狂人是修行的典範。

洗腦只會造成盲從，從來沒有人是靠著被洗腦而開悟的。你可以靠服從命令成佛嗎？修行不是操兵演練，也沒有什麼城池等著你去攻破。當你裹足不前時，也許有人能幫你指出問題所在，但是走在這條路上的每一步路，最終還是要靠你自己做決定：也只有自己走過的才算數。

開悟好比高級笑話，好不好笑的差別只在一線間。覺得不好笑，沒有人會強迫你笑；既然覺得不好笑，當然不是非笑不可。但是如果你能意會那個笑點，回頭看見笑點的引子，包你笑過癮。

如果把修行的重點放在控制外在行爲上，無論自他都難以成就。畢竟證悟是爲了免除一切煩惱，把焦點放在外在表現上容易引發人與人之間、自我內心的衝突，反而引生更多煩惱。雖然如此，我們還是傾向於注重外在表現。

爲什麼？純粹「以紀律之名」！

記得小時候讀書遇到難題想放棄時，老師會押你回到書桌前，用威脅的口氣說：「要讀書還是要處罰」嗎？因爲教書是老師的責任，你害他沒辦法交代。老師的職責是在學生升級之前確定他們能把學過的知識記牢。要是他讓你一分心就放棄，就等於沒有規矩。沒有規矩的學生會造成老師的額外負擔、加重他的工作，還會變得很難控制、妨礙其他學生。因此當老師的一定要掌控全班學生。

在這種嚴肅的氣氛下，你眞的學到多少東西？更重要的是：你是否學會「熱愛

學習」？老師讓你對新課程、新知識感到好奇有趣，還是令它們顯得枯燥乏味？其實他只是在教你學會服從和遵守秩序。看出這兩者之間的不同了吧？

哪個老師曾告訴你，掌握困難的部分以後，可以學到多少有趣的東西？他是否把你不了解的部分用更新鮮有趣的方法再解釋一次，或是教你易於背誦的口訣？當你有心學習時，是不是很容易學會？當你知道學習內容能爲心靈與人生開拓全新的世界和體驗，是不是想更熱切、積極地投入？

要是你曾經遇過一位這樣的老師，那你眞的很幸運，因爲這種老師非常難得。想像看看，要是你的學習總是充滿了好奇、自由與驚喜，不單是以紀律之名學習服從，你的人生是不是就要被改寫了呢？眞正的紀律不能強加於人，而是由內心所生。當一個人發自內心想去做一件事，根本用不著強迫。

服從是很危險的一件事，心智因服從而懶散。心智懶散的人遇到事情變化時不知如何應變，只等著別人下命令。當只知服從的人做好準備時，大局也已全盤改變。只知道服從的人心智反應永遠慢半拍。這種心智因爲不習慣運用自己的力量而變弱，失去獨立生存的能力。這種人一旦握有大權就會變成暴君，在他腳下的人都得臣服、聽命於他，畢竟他只知道用這種方法解讀世界。若我們只教孩子服從，就等於是在創造一個由主人和奴隸構成的世界。

自由最可貴之處，就是讓我們有鍛鍊心智的空間，使我們的心充滿力量。有好奇心的人會隨著變化而改變，不會因情況改變而措手不及。這種人心靈的力量很強，他的活躍、他的自信來自於知道自己能克服萬難。有好奇心的人也不會挑剔別人的毛病，因爲他本身不自尋煩惱，更不會奴役別人，因爲他的世界裡根本沒有

「奴役」二字。擁有這種心靈力量的人，會努力點燃別人心中的希望和探險精神。

能讓好奇的人接受的唯一成規就是：我們都是自己的主人，都做自己喜歡做的事。當我們教孩子自由、教他們學習之樂，我們就是在創造這樣的世界。既然希望下一代擁有自由，我們爲什麼不讓自己自由？

培養紀律的目的在於控制外在行爲，讓人或動物去做平常不願意做、覺得乏味的事。其實若眞的想要對方完成一件事，不一定要用紀律加以控制。當人和動物有目標的時候，自然會有所行動，根本不需要監控，只有在強迫他們做「不喜歡做的事」時才需要用到紀律。但是，這眞的是我們樂於見到的嗎？想達成目標，自身的努力必不可少，但想想看，要是我們重視快樂和健康多於服從命令，以及能在被強迫的情況下完成事情的能力，我們的人生會有多大的轉變啊！

當別人既不影響、也不干涉我們的時候，我們眞的有必要去干涉別人嗎？當別人只是在做自己想做的事，沒傷害到他人時，是什麼讓我們自認爲有權干涉？畢竟他人的境遇和我們不同，我們如何能確定怎麼做、對他才是最好的？你想改變周遭的人，眞的是出於正義感嗎？或者只是不安全感和掌控欲在作祟？

制定規矩當然有它的益處。但是雖然制衡的政府、公平的法律可以保護百姓，使我們免於直接和間接傷害，可惜並不是所有的社會規範都是出於保護百姓而設立的。制定某些法規是爲了創造、維持社會經濟結構，某些則是爲了保護少數人的權益，將其他人擋在門外；某些則是保護當權者的權利，更有某些純粹方便政府貪汙。在人類的歷史上發生過幾起殘酷事件，起因都是政府制定不公正的法律以煽動善良百姓做違反人性的行爲。

只要守規矩就是一種美德嗎？那麼在不公平的法律之下，爲了救人而犯法是不道德的嗎？

假設有兩個不同的社會文化皆運作良好，其法規卻互相衝突，這種情況下，哪一種規範才是絕對正確的？要是先以道德之名把人類強烈的動物本能，比如說：親密關係、性等控制住，接下來其它的部分也就容易控制了。把親密關係、性和羞恥心、罪惡感畫上等號，甚至能讓人在心理上自我閹割。在這一點上，人和寵物是共通的，就是去勢以後都比較好管理。

由概念所生的煩惱和平常我們培養道德的方式有關。某些人對美德所下的定義是：從事大眾讚揚的行爲，並遵守當時的社會規範。而事實上，什麼是無瑕的美德？其實是發現自心擁有完全的自由。

別忘了，規矩是人創造出來的，規則和法律並非恆常永久，它們是爲人所制定、爲人所遵從、爲人所改變的。正如同執著於任何無常的現象一般，執著於規範、執著於他人的認同與喝采對你其實不會有幫助，對這些執迷只會令你陷入毫無必要、由概念生成的苦海裡。對規矩執著、狂熱，等於是自願跳進完全沒有必要的「自我觀念的苦海」裡。

替自己設下的任何一條規則，都可能導致因打破規則，而陷入「概念之苦」

將你的念頭和想法想像成懸浮在你腦中的小拼圖，它們是完整拼圖的一小部分，你盡可以隨心所欲地將這些小拼圖拼成任何你喜歡的圖案，這個圖案就像是你在這個世界上的地圖。包括你對自己的期許、對家庭和成功的模式都各有一張藍圖。沒有哪兩片拼圖是本來就應該黏在一塊兒的，是你將它們湊在一起。

如果你把成功和大學教育湊在一塊兒，就會拼出成功人士都上過大學的圖案。如果再將這個圖和自己應該成爲成功的人的想法湊在一起，就會產生自己該上大學的想法；假如這個意念夠強，那麼你很可能選擇上大學……成功的藍圖就這樣漸漸拼湊而成了。

要是你把成功和結婚這兩塊拼圖湊在一塊兒，那麼你很可能會選擇結婚。假如再把小孩這一塊拼圖和結婚湊在一塊兒，那你可能就會生小孩。你也可能讓生小孩這個念頭先懸浮著，先把這個念頭擱在一旁，直到你在「找到好工作」這塊拼圖上替它找到合適的位置爲止。

你也可能會將形狀完全不同的兩塊拼圖硬湊在一塊兒，產生不合邏輯、不尋常的結果。比方說把「衣櫥」和「怪物住的地方」這兩片拼圖湊在一塊兒，因而產生怪物可能住在衣櫥裡的念頭。至於到底是所有的怪物都住在衣櫥裡呢，還是只有你的怪物住在衣櫥裡？反正這都是你的想法，你怎麼想都行。

但是，每當你固定一小塊拼圖的時候，一個概念就這麼誕生了。概念本身是有限制、有範圍的，假設你將成功和大學教育這兩片黏在一塊兒，那麼之後在你的「成功」藍圖裡，有機會成功的人可能都被限定爲大學畢業生。

如果你認爲自己是有道德的人，而在你的認知裡有道德的人理應不說謊、不偷竊，通常你會很理智地避免說謊和偷竊。倘若某天你偷了別人的東西，即便對方沒發現，你還是會因概念之苦而內疚，覺得心裡不舒服。

總之，你替自己設下的任何一條規則，都可能因爲打破規則、跨越界限而讓你承受概念之苦。即使規則並沒有被打破，你也會因概念形成的界限備受束縛。

假設有一個人認爲性是非道德的，他/她發誓終身斷除性行爲。這並不表示他/她沒有慾望，只是他/她認爲「性」是一件「不好的事」。這個觀念形成之後，萬一哪天他/她有了性行爲，心裡便悶悶不樂。

一旦逾越了心裡劃下的那條界線，失望、挫折、憤怒、自責會如潮水般湧上心頭。就算沒有逾越這條界線，這個觀念本身還是會令他/她備受架構概念之苦，因爲他/她已經在「自己」和「自己想要的」東西之間劃下了分隔線。正是因爲那條線變得如此分明，痛苦才會出現，甚至有可能演變成強烈的執著。就算沒有日日在心頭，仍免不了爲此煩惱。

每一條你替自己設下的界限，都有可能演變成不快樂，甚至是傷害的來源。每一方小小的自由就像你手上那片小小的拼圖，每當你將一小片拼圖固定在它的位置上，你也失去了哪一小方的自由。直到有一天你成了自我觀念和選擇的俘虜。原來只是碎片的念頭逐漸顯現爲清晰的圖案，就這樣，一堵將你和快樂、覺醒分隔的圍牆誕生了。

即使會產生這麼多痛苦和煩惱，和滿腦子飄浮著拼圖的碎片比起來，人類的心似乎還比較喜歡擁有一張膠著、固定的圖案。我們所謂的穩定是一種觀念，它只是將抽象的念頭排列成固定、有秩序的概念和價值觀而已；但是我們卻寧願受概念之苦也不願放棄這種假想中的穩定。要是你對自己和周遭世界的看法非但不能滋養你、給你成長的力量，反而成爲自我設限的絆腳石，那麼也許是你該質疑這些概念的時候了。

重新思考吧！許多人還住在自己心中那座——滿是被遺棄的、傾倒的觀念鬼城裡。

讓自己自由思考吧！把自我矛盾當成一種樂趣，它是覺醒的徵兆。

如果你察覺自己被別人加諸在身上的陳腐觀念封住了（包括這本書裡的想法），仔細想想，要不要繼續把這些觀念留在自己的藍圖上。不想留就釋放它、讓它去飄浮吧，哪天派得上用場時再把它抓回來。

不要怕有自己的想法，讓自己自由思考；有時，自我矛盾也是一種樂趣，這是覺醒的徵兆。只是，當你要把任何一小片拼圖固定在自己的地圖上時要張大眼睛，對即將加在自身的限制小心選擇，畢竟，你劃下的任何一道界線都將阻擋目前擁有的「可能」。

對已身處轉變之中的你來說，經常調整自我觀念的初期可能會令你暈船，但是很快地你就能如魚得水了。越能將許多想法自由地相互交融，就越能看清世界的眞相；越是不將想法標上正負兩極的標籤，內心的衝突自然會跟著減少。解除「概念之苦」就是這麼簡單。

即使原始概念出自於他人，創造自我概念的人終究還是自己。出於習慣，我們會將自己的所見所聞及閱讀得來的資訊，透過自己的架構觀念加以詮釋，這些經過詮釋的意義不會跟原義完全相同。每個你接觸過的想法和概念（它們所代表的意義也都源自於你的詮釋），都是構成藍圖的一小片，你想要怎麼組合就怎麼組合。你可以將它們用於構築新的想法，也可以將它們用於瓦解既定的概念，甚至可以建立臨時概念，以因應當前的需要，待不需要時再將之拆除。

是故，道德的實相是什麼？是體驗完全的自由。

自由又是什麼呢？自由是不受無常的概念所控制。

守嚴謹的紀律是辛苦的，故被賦予高度價值。但真正符合道德的自由，僅是均衡與和諧。

我們先是在自己身上設定許多規則限制自己、綑綁自己，再想盡辦法掙脫。我們逼自己要「純潔」，因此產生矛盾與苦惱，心情總在激烈的擺盪間掙扎，但是被壓抑的衝動總有一天會以另一種型態出現。你可以假裝這些問題都不存在，讓它們在你控制不住的那一剎那突然爆發。也可以選擇誠實地面對問題，再理性地解決。符合道德的自由，即是均衡與和諧。如果你不必永遠展現自己最好的一面，就不必擔心別人發現你最糟的一面；對自己的期許不過高，對未來的期望也不過高，便能恰到好處、怡然自得。

許多人認爲自由是要努力爭取才能擁有的，事實並非如此。人人皆生而自由；我們都生而擁有選擇的自由，不因任何外在環境的影響而改變。外在壓迫能改變的是外在環境，卻不能影響選擇的自由。因爲選擇永遠掌握在自己手上，自身的行爲還是由自己在掌握，哪怕是行動受限的時候，自己的想法和意念還是操之在己。任何時候、任何地方，你要想什麼、感受什麼——完全是你的自由。覺醒的人會自然而然地有此體悟。

詩人泰戈爾曾說：「當我們付清購買生存權的帳單時，才算擁有眞正的自由。」事實並非如此。從有心識的時候開始，我們已是自由之身。每一個心跳、每一次呼吸就是我們生存的代價。除此之外，我們還要付出什麼生存的代價？眞希望有人告訴他，沒有人會逼你生存在既有概念之下，這完全是自找的。如果他眞的花錢買生存權，應該要讓他退費的。

長久以來，許多尋求證悟的人都被一個根深柢固的觀念所蒙蔽：只有辛苦得來的才珍貴；越辛苦就能得到越珍貴、越有價值的東西。這個原則運用在由概念創造出的物品上通常沒有錯，但也只適用於衡量由概念創造出之物的價值。通常，概念的結構越複雜，被哄抬的價值也就越高。

一條鑽石項鍊要經過多道手續才能製成？在非洲，每天都有上千名工人在塵土飛揚的礦坑碎石間尋找鑽石原礦。商人收購原礦之後，運貨的人將原礦送到經過高度訓練的專業技師手上切割、打磨，再由負責鑲嵌的珠寶師將鑽石鑲在墜子上。至於製造鍊子和墜子的又是另一組工匠，最後鑽石項鍊被送到商人經營的珠寶店裡。是故，你要花這麼多錢才能將裝在土耳其藍紙盒裡的鑽石帶回家。集合了眾人的精神與勞動所製成的鑽石項鍊，其價錢昂貴是合理的。

但是鑽石眞正的價值有多高？餓的時候能拿它塡飽肚子嗎？窒息的時候能拿它當氧氣嗎？要是某天黃金和鑽石都不稀有了呢？直到那時，你才會發現鑽石項鍊的原始價值——一串石頭。項鍊的價值是人所架構出來的概念，難怪你得用另一種架構概念——一疊被我們稱之爲「錢」的東西買下它。

那麼水、空氣和熱能呢？在攸關生存的分分秒秒，還有什麼比它們更重要呢？

你願意花多少錢買空氣和水？願意用多少錢讓陽光繼續溫暖這個世界？這些都是必需品，不是奢侈品；你會不計代價去買它們，失去它們等於失去生命。到目前為止，我們都能直接獲得這些必需品，一毛錢都不花。這些必需品不必用附加價值，譬如：錢或信用卡去換取。總之，只有人為架構出來的物品才需要花錢買。

土地和食物為什麼要花錢才買得到？雖然土地本身不是由人為概念所創造出來的，但所有權的概念卻是。使用土地是免費的，但所有權的概念卻限制了你使用土地的自由。

雖然直到今日，我們還是能直接從土地上獲得簡單的食物，但是我們對所有權和食物的觀念讓這種機會大大地減少了。肚子餓的時候，你不會去田裡收割麥子，不會到池裡捕魚，也不會到草原上獵野兔；你會去附近的超商買便當，因為在你居住的城市裡，便利商店是最豐富美味的營養補給站，只有在特殊情況下，你才會發現食物能直接從大自然取得。雖然你可以花錢讓家裡的室溫冷熱宜人，但我們不是生活在地獄般酷熱，或無人凍土般酷寒的環境裡，不一定要在空調裡才能生存。

同一套價值觀，我們也把它套在道德標準上。守嚴謹的紀律是辛苦的，因此被賦予高度價值。受教育的機會是難得的，因此也被賦予高度價值；你受的教育越多，架構越複雜，價值也越高。

是誰在限制你？

只有自己的心能限制自己，而這是隨時都可以自行調整的！

通常，六波羅蜜被解釋爲布施、持戒、忍辱、精進、禪定和智慧，這些品行都需經努力培養。雖然人們賦予其高度的價值，但它們終究是出於人爲架構的概念。由人爲架構舖設的道路，除了讓你產生更多的人爲架構外，還能帶你往哪兒去？

秘密的六波羅蜜的：無常、自由、因果、勇氣、當下與融合，則是我們與生俱來的天性，並非人爲概念。由於它們不是人爲的架構，因此毋須經由努力去獲得；它們本來就是你的一部分。早在人道主義出現前它們就已經存在，未來也還會繼續存在。不必努力培養、不必刻意相信、甚至不需覺察它們的存在，但是如果你能覺察它們的存在、再多思考一下，便不難發現另一個自心與生俱來的特質：覺。

任何覺得自己不自由的時候，不妨問問自己：是誰在限制你？只有自己的心能限制自己，而這是隨時都可以自行調整的。既不需要得到別人同意，也不必說抱歉，只要你不受自我觀念綑綁，就永遠都有改變現況的機會。覺得自己負荷的擔子太重？不妨觀察這些責任是從哪裡來的。它們是眞實的法律責任，還是別人對你的期望？爲什麼你會認爲自己一定得做別人要你去做的事？限制你的不是別人的期望和要求，而是你自己所架構的概念和想法。針對這些概念做思考，想想是否要繼續把它們留在你的人生觀裡。

假如你的問題是過於在意別人的批評，請看清楚這一點：對方批評的標準只是一些人爲的概念，這個標準本身是無常的，經常在改變。其實，你可以自行調整這些批評在你心裡的比重。別人有表達意見的自由，你也有不理會這些意見的自由。

你太習慣藉由爭辯來捍衛自己嗎？仔細想想，爲了那些經常在改變的人爲概念而憤怒、沮喪有多傻！要是你天生好辯，最好的方法是學習表達正反兩方的意見，免得總是爲了要證明自己是對的，而爭得面紅耳赤；這麼做只會讓自己對概念越執著，心胸越狹窄。每個人都有自己的想法和信念，別人完全認同你的每個想法，這種狀況的機率是——零。接受這個事實不就好了嗎？

不妨自問，要不要拆除底下兩個由人爲所架構出的概念：一是，把別人善變的想法看作無比重要；二是，把別人同意你的想法視爲非常必要之事。事實上，不需要同意任何人對任何事的看法，也能過著覺醒、快樂的生活。

你的問題是嗑藥成癮嗎？你很容易對某人某事過度迷戀嗎？不要只看表面上的原因，深入一點，看看自己爲什麼不能沒有它。對你而言，它代表什麼意義？看清楚了之後，就把它放下。

一直念著它有多麼糟糕，跟一直迷戀它有多麼美妙，並沒什麼不同，都是沉迷。隱藏在迷戀背後的概念往往複雜得像一座迷宮。想改變這些行爲和背後的觀念，幾乎得把自己的一生從頭思考一遍。當腦海裡相互激盪所得的結論跟事實差得很遠，最好的方法是把整幅藍圖拆掉，倘若繼續朝錯誤的方向思考，日後可保留的正面思維就會越少。你需要重新定義人生的樂趣是什麼？眞正的友誼是什麼？對你而言，成功代表什麼？除了重新定義「我是誰」之外，沒有更好的方法了。

請牢記一點：當你搬到別州或別的國家，別人給你居留權，表示你也願意遵守那裡的法律。你不同意的話當然有權設法修改，或是乾脆搬到一個適合你的地方。雖然違不違法是你個人的選擇，但逾越了那條線，恐怕還是會帶來不安與煩惱。至於逾越界線的代價，那當然也是預料中的事。更別提你應該不會喜歡行動受到限制——雖然你還是可以選擇保有心靈的自由，但是你的身體會被侷限在4×8平方米的牢籠內十到二十年不等。如果你想過快樂的生活，這可是項附加挑戰。

世間觀念的影響力有多大呢？不論你遇到什麼情況，你想讓它的影響力大一點，它可以是很大；你想讓它的影響力小一點，它也可以是很小。不論你是在家、外出工作，還是在獄中服刑，你都可以選擇自由，選擇不被情緒的連鎖反應綑綁，在恬適的自心裡安住。擁有無暇的美德，就是在面對自心所架構來的概念時，不再抗拒或跟隨，自由地安住於寧靜中，再也不受內心的爭戰所困擾。

沒有任何圍牆或障礙物能擋在你和源源不絕的覺醒之泉間。了解這一點，便體悟了完美的自由。你要用什麼方式和這個世界溝通是你的自由，你可以選擇自己的界線，訂定自己的規則。即使遇到大家都贊同的選項，你也不一定要認同。倘若路上碰到由概念產生的藩籬，就直接繞過去。沒有任何東西能擋在你和覺醒之泉間。

覺醒本身不是一種概念，是自心無雲、澄靜的體驗。想體驗不被概念束縛的世界不需透過儀式、典禮，或任何源自於概念的活動。有限的概念，如何能抓得住無限的體驗？

3

忍辱
因果的智慧

了解因果不昧：
我們生活在因果的世界所作所爲
一一皆有回響

爲什麼這個世界如此憤怒？家有家暴，路有路霸、學校有霸凌，還有因霸凌引起的一連串暴力事件。我們彼此謀殺、爭戰，媒體則充斥火暴氛圍和暴力畫面，可見人們的心中塡滿了挫折。那麼你呢？你容易焦躁不安，開車時怒火攻心、常發脾氣？心頭總縈繞著惱人的往事？對人生失望，覺得自己才是受害者，感到人生失去了所有的希望嗎？你經常沉溺在幻想中或很迷信嗎？這些情緒有何相似之處？造成它們的原因是什麼？

當事情在我們的掌控之中，我們不會發脾氣。發脾氣是宣洩無力感的方式，不是強者的表達方式。很多時候雖然我們付出了一切卻總是徒勞無功，頻嘗失敗的苦果。目標分明近在眼前，卻與你擦身而過。我們在不斷地嘗試中，一次又一次地跌倒，空留遺憾。和古時候比起來，當今人類所面臨的問題影響生活的深度比從前更深更廣。地球村似乎更加快了雪球滾動的速度，現在雪球幾乎跟地球本身一樣大了。敦親睦鄰對我們不成問題，和長相跟自己不同的人和平共存就困難了。平衡個人收支不成沒問題，提升全球經濟可就是個大難題。維持居家整潔不是問題，解決環境污染就不簡單了。不論你是否意識到了，其實我們都希望問題能順利解決，希望每個人都過著幸福快樂的生活，但是解決這些問題並不容易。

面對這些課題，我們感到渺小、無力，做什麼都無濟於事。單就能量而言，不論強弱，直接宣洩無力感的方式就是生氣，而「憤怒」就是拒絕接受自己的挫敗，情急之下想力挽狂瀾、扭轉頹勢的反應。雖然你不確定憤怒和暴力能讓事情往你希望的方向發展，但是你認爲至少有扭轉局勢的機會。這麼一來，事情只會變得更糟。

修忍辱波羅蜜就是要能吃苦耐勞？這種解決方式所引起的問題，和「問題本身」一樣多！

絕望是懶人的憤怒。慣於絕望的人跳過面對挫折時採取行動的步驟，直接舉白旗。憤怒者獲得成功的機會固然渺茫，不抱希望的人則是完全沒有機會。面對挫折的時候該怎麼辦？怎麼做才能實現願望？該怎麼避開憤怒和絕望的陷阱，走出困惑，克服不論付出多少，終究還是要面對失敗的挫折？

我們該如何避免掉入易怒的陷阱？修忍辱波羅蜜就是要能吃苦耐勞，面對任何困難都不抱怨。困境來時保持冷靜、不灰心喪志。不管別人如何傷害、招惹、挑釁，你也不抗爭。忍辱的目標是培養對自身欲望不執著的精神，藉自我控制將情緒昇華或埋藏起來。

這種解決方式所引起的問題和「問題本身」一樣多。處於逆境時只需要提高忍耐力，究竟是什麼意思？要是這個問題本身無解，這顯然是個明智的抉擇。但是事實上，只要多用心，幾乎凡事都有解決的方法：所謂「有志者事竟成」。光靠忍耐怎麼能解決問題？誰說只要忍耐就能度過難關的？要是他眞的用這種態度在過日子，大概也活不到能開口說這句話的那一天。

人類這個物種天生欠缺內建防禦功能，我們跑得慢、皮膚薄，也沒生得一口尖牙利齒。能生存到現在全靠動腦解決問題的能力。我們餓了，要想辦法找食物；冬天到了，要建造遮風避雨的處所；被其他物種當成獵物時，要想辦法保護自己。什麼時候開始，我們遇到困難只能默默承受？難道沒有更好的方法嗎？教我們遇事只能忍耐的那位仁兄，動機可能不是單純地希望我們過得覺醒、快樂。舉凡社交團體到政治、宗教領袖都有可能會濫用忍辱，就像濫用布施與道德規範一樣，完全扭曲這種美德。當一個刻薄的領導人想要底下的人心甘情願地為他效力，最簡單的辦法就是完全掌控他們。若是你為了讓對方服從，做出一些無法兌現的承諾，那麼還真沒有比灌輸他們「忍耐」這個觀念更容易解決的了。動嘴皮子當然比付錢容易。萬一底下的人要求現在就要過好日子，當然就是因為他們這麼不能忍，所以才沒資格要求。忍耐或許能幫你控制抱怨、發脾氣這些因痛苦而表現於外的負面行為，卻不能幫你減輕憤怒、挫折、對未來失去希望，和沉溺於幻想這些內在的負面情緒。

忍辱只適用於原本就「橋到船頭自然直」的情況。因為真的能忍的只有外在行為，因此忍辱也只能用來控制外在行為。能解除既有煩惱，和能預防新煩惱產生是不同的。不得已的時候，雖然可以把憤怒藏起來，但並不代表你不生氣。忍辱的人也許憤怒程度和大聲咆哮的人相等，卻只會被人忽略。與其將精神耗費在強忍自己的行徑和怒意，其不彰顯於外，還不如用它來找出能根本解除負面情緒的源頭。生活在怒氣衝天的環境裡固然不健康，但在忍無可忍之際用道德標準壓抑直接的情緒反應也非明智之舉。

否認自己的感受，告訴自己非忍耐不可，就是在壓抑自己。尚待解決的問題會存放在大腦，壓力則會屯積在身體裡，當鍋爐達到沸點就會爆炸。若想減少生活中的煩惱，就要在問題剛發生的時候及時面對。這時問題必較單純，還沒釀成大災難。等到問題成了糾結的怒氣，要擺平可就沒那麼簡單了。光是忍耐怎麼能安撫頹喪的心情、重燃希望？絕望的原型是懶惰。許多人將懶惰披上忍耐的衣裳，只因

「放棄」比做任何事要來得簡單。即使「希望」只是一個念頭，你甚至不必做任何事就能擁有希望，我們卻懶到寧願選擇放棄也不願尋求解除煩惱的方法，心想我還是放棄好了。

只要還有一絲突破困境的希望，遇到困難時假裝問題不存在或默默承受都不是辦法。試問自己：我是在忍耐還是在偷懶？我這麼做是因爲除了用耐心去承擔以外再也沒有更好的辦法了，還是因爲這麼做比改變現況簡單？假如，繼續當小媳婦是爲了讓別人欣賞你的「忍辱負重」，藉以自命不凡，那有多傻啊，簡直比懶惰還糟糕。

冷靜和自制力是個人寶貴的資產。我們都希望自己能在高壓下保持思慮清晰、以免將來後悔。當人格漸趨成熟，我們學會用耐心控制狂傲不羈的天性，避免身心受到非必要的傷害。其實沒有任何人能幫你養成這種自制力。沒有人能將耐心傳授給你，也沒有人能用制式規範榨出你的耐心。眞的對你有益的是發自內心的自我規範。那麼該如何不變成苦行僧也能有完美的耐心？

想完全消除無力感，就不要只著重於外在行爲，而是要深入思考這個世界運作的原理，觀察作爲和其衍生結果之間的關係。你將發現，作爲是一個有系統的組織的一小部分。一個動作會產生一連串的結果，而這些結果又會導出後續的動作。

假設你把松樹種在草莓園旁潮濕肥沃的泥土裡，接下來種子會發芽，長成松樹之後會有很多小鳥在樹上棲息。當綠葉成蔭，結下松子，掉落在草莓園上時會將草莓覆蓋，草莓就無法生長了。因爲早餐沒有新鮮的草莓，你就會到店裡去買。假如當初你沒種松樹，接著在店裡發生的一切也就不會發生：也許你會在店裡遇到舊時同窗，與他結爲連理；也許你會在停車場裡撞壞車子；也許你只會在店裡發現新口味的沙拉醬。任何事都有可能發生；這些都是種樹的連鎖效應。

因果關係：你的任何作爲都會產生一連串的效應！

因果關係像連接因與果的一道橋。它是變化的作用力，是造成轉變的力量，萬物因它而前進、思考、生長與死亡。目前的狀況皆爲受前因影響產生的果。不過因果不像骨牌效應，不是一直線，它複雜而多維次，跟海水的融合與消長比較接近。

當某人擅長由蒐集的資訊中得到結論，並能正確地由事情的成因推算結論，我們會說他很有邏輯、很理性。科學家就是利用因果關係去探索自然界的規律，科學的方法是將資訊高度地系統化，先觀察自然界的現象，再根據這些現象推論形成它們的因；先做實驗，再由實驗結果去推測未來。當發現造成不利於己的因，即設法剔除。反之，發現形成利己之因時，也能去影響未來的結果。雖然原始資料多少會受到人爲因素的影響，許多最新科技也沒有被用在好的地方，但是藉由探索形成現象的「因」，科學被公認爲能有效解讀及反射人類所知的世界。

當我們對自身所處的宇宙認識得越深入精確，許多原來在古代只能用神話和神秘學解釋的現象，現在都能用理性的思維去推敲、定義。現在的科學不但已經不再是物質主義的世界，而且還打破了原本由物質主義創造的世界觀。這種剔除老舊觀念、對每個假設都提出質疑的精神，轉化了其原本灰色狹隘的世界觀，也讓科學成爲目前最能詮釋心靈世界的方法。

佛教直接點出因果在宇宙間的角色。因果是佛教哲學很重要的一部分，佛教稱之爲「業力」，直譯爲「作爲」（Action）。善業指將來能讓我們的理想實現的作爲，惡業是指導致將來痛苦的作爲。但不是只有科學家和佛教徒才用得到因果，我們隨時都能在生活中覺察它的存在，我們會直覺地利用它讓我們得以生存、達成目標。肚子餓了，你不會拿鐵鎚敲蘋果，你會用蘋果塡飽肚子。遠行時，你不會將雙膝互蹴三下。你會坐進車子裡，選擇到達目的地最短的路程。解數學題時，你會用學過的公式一步一步地演算，直到推出答案爲止。你不會隨機寫下任何數字，讓某個看起來很像答案的數字出現。

儘管表面上看來，並非事事皆由因果而來；事實上卻是，任何的作爲都會產生一連串的效應。

就算你可以完全不動，總不能不呼吸吧！你總得吸入氧，把它變成二氧化碳呼出來。在你一呼一吸之間，空氣會在身體周圍形成微小的氣流，吃下去的食物也會在胃裡發生化學變化，這些都會在你的生存空間裡產生熱能，你的頭皮和皮膚角質也會持續地剝落。你存在的每一分每一秒都在和這個世界互動。甚至在你離世之後，遺體的腐化也會繼續影響你所生活過的空間。連火化後的骨灰也不例外，你無法不成爲因果的一部分。

因與果，人的一切作爲和之後的連鎖反應間的循環，可說是永無止盡：它在生命開始之前已經存在，在生命消逝很久以後也會繼續存在。仔細回想，你所做過的事情裡，哪一樣是不會對未來有影響的？在這些事情裡，哪一樣沒有任何的前因？這跟那個古老的「先有雞還是先有蛋」的謎題相似。由許多角度看來，「因」與「作爲」二者之間的歷史糾結冗長。人類之所以能在地球上扮演成功的生存者，都是因爲人們能藉由經驗推斷成因，並根據這個經驗預測未來的走向。不了解因果關係而無法及時應變，足以對人類生存造成威脅。

我們能說因果不重要嗎？這看似永無止盡的因果循環正是我們無力感的來源。失去掌控令我們感到憤怒。因果循環也造成了世間的第三種苦：行苦。有存在就有業。

作爲的影響遍布一切，其影響力不斷地在萬事萬物的生起和變化間交互影響。身處於這個「活」系統的你根本停不下來，甚至無法不繼續推動這個系統。截至目前，你造的因已經可以追溯到久遠的過去，更已延伸至遙遠的未來，影響的範圍之廣難以想像。在這個循環系統裡有很多的因，當中每一個因都會產生無數個果。某些因是直接的，某些則是間接的，它們不是由你直接造成的。雖然大多數的因果你都無法直接覺察，但無論直接或間接，最後都會反應到你這邊來。

因果是行苦的根源，了解因果才是解決之道。

行苦跟架構概念之苦一樣地不易覺察。如果將手指放在蠟火上，手指燒傷了，燒傷屬於肉體「痛」的苦。雖然肉體的「痛」皆有成因，卻不是凡找得到「因」的都是這種苦；就算這個「痛」的因是找得到的，「痛」之苦和「遍受之苦」（行苦）是不一樣的。

遍受之苦（行苦）源於當你發現自己對自身的行爲與境遇無法掌控時，精神上所受的苦。自己好像在鬧街上駕摩托車，摩托車的把手和按鈕卻不是你所熟悉的，當障礙物迎面飛來或撞上你時，你會想辦法減速、控制方向、跳車——行苦指的就是此時焦慮的感受。看著自己的生活像噴射機般橫衝直撞，行程中不時撞上各種障礙物，失控的生活令人灰心喪志，因此有些人開始朝錯誤方向尋找答案。該怎麼做才能不被生活追趕？覺得自身渺小無助時，該如何掌握主權，讓自身充滿力量？

雖然身在行苦中，還是能掌握這股力量。由於因果是行苦的根源，了解因果才是解決之道。當你遇到不愉快的事情，與其忍耐、強行控制出於直覺的反射動作，不如試著了解忍辱的眞義。忍耐的眞諦是當你完全了解這件事對因果深遠的影響之後，還能對自己的所做所爲感到心安，如此才稱得上是了解因果不昧的法則。

只要是出於情況所需，任何時候你都有權選擇自己該怎麼做。明白這一點之後，自然會拋下幻影般的世俗觀念，不去在乎過去和將來人們對自己的評論。「忍辱」不是一昧地接受，它的眞實意義在於知道自己的行爲，對自身和周遭的影響有多大。

無論外在環境的影響有多大，凡是出於自身行爲的因果，都要由自己負責。

了解忍辱還能讓我們學到一件事：任何一個由自身行爲產生的結果，自己要負百分之百的責任。有些人以爲「忍辱」就是無論遇到任何人事物都要容忍。事實上，忍辱波羅蜜內在的意涵，是對完美的因果法則有所體悟。能夠完全觀察因果後，你將再也不會覺得自己渺小，因爲對自己影響的範圍大小，你都能很清楚地見到。你能影響這個世界的潛在影響力，絕對不小於世上任何一個人。能夠清楚地看到這一點，你將不再感到失望和憤怒。無論外在環境的影響有多大，凡是出於自身行爲的因果，都要由自己負責。

既然現在的行爲都是之前的因所造成的，自己又怎麼會有選擇？比如你在衣櫃挑了件紅毛衣穿上，這個動作有多少是受到之前的影響？哪一部分屬於現在的自由意志？自由意志怎能和因果並存？在無常的完美中我們提過，事情發展的可能性無所不在，這之中的每一個可能性又各自蘊藏著無數個可能。在這種情況下，第二階段的無數個可能是怎麼演變的？要是事情發生的機率都是隨機的，那麼你打開餅乾盒時看到兩隻迷你恐龍在下棋的機率，和看到餅乾一樣嗎？不太可能吧？在此範圍之內，事情將如何演變的機率和你之前的所做所爲，也就是「因果」有關。

你觀察外在環境後的反應，會把當下事情往各個情況發展的「潛在可能」鎖定在一個價値觀上。至於影響選擇的因素有觀念、經驗、學習，以及直覺反射等。雖然吃冰淇淋的時候可以抽籤決定口味，但是根據經驗，你喜歡巧克力，因此你選巧克力冰淇淋。你也可能在看到薄荷誘人的綠色之後，想改吃薄荷冰淇淋。要是你吃過太多的泡泡糖冰淇淋，現在光是看到和聞到這個味道就反胃。或者某個具冒險精神的朋友做了錯誤嘗試後對你疲勞轟炸，叫你千萬不要吃杏仁冰淇淋。在選擇的當下，這些影響決定的因素會在心裡起伏擺盪。你所做的選擇取決於在一段時間之後，何種影響比重較大。這些因素之間的相互影響有的是一時興起，有的是規律的，總之，我們的意願就是這麼形成的。物質世界以因果法則運行，每一個行爲都會產生一種效應。有些行爲背後的因是有形的，有些則是無形的，比如意念。

是意念在做決定，決定之後才有作爲。「因」沒有實體，「意念」不能單獨行動，它要靠身體這個和物質世界相連的管道行動。正因爲心是無形的，物質世界所發生的一切無法直接作用在它上面，但在有形世界裡的長期薰陶、學習，或是一時的想法觀念都會對它產生影響。所產生的影響都是由「意念」所詮釋的，但是「意念」總是以自己和外在世界分離的角度去詮釋一切的現象。簡單地來說，「意念」會受影響，「作爲」是「因」的產物。因爲意念無法自己行動，所以無法直接造「因」；「因」所產生的果也不能直接作用在意念上，但是意念會間接地受到外界的影響。

了解意念和身體之間的化學變化，及大腦的思考模式，就能進一步了解意念和因果之間的關係。想在完全隔絕外界影響的情況下做決定，幾乎不是可能的。對因果關係有所體會的人，會將這個事實看得很清楚。我們並非毫不相關的個體；透過彼此的行爲、透過其他的影響，人與人、人與物皆緊密相連、彼此依存。也許你無法從人群裡解脫，但是你可以讓自己從自心裡解脫，從那些令你無法在世間自在的自我觀念裡解脫，畢竟在你生命中的每一秒，要將心念投射在哪裡是你自己決定的；你有權選擇將自己的「意念」引導致你想要的地方。

懂得因果之後再去觀察周遭的世界，就不難得知：想得到理想中的結果該採取什麼行動。很重要的一點便是，去了解你的行爲對自身與周遭影響範圍有多大？限制在哪裡？要是和理想中的目標沒有直接的因果，就無法對它產生直接的作用。如果連間接因果都沒有，根本無法影響到事情的發展。「直接因果」指的是本人直接接觸，在物質層面發生作用、產生效果。「間接因果」指的是沒有面對面的接觸，這樣只能對存在物質界的事物造成影響力。若是影響力強，還是有成功的機會；影響力弱，機會當然就小了。

有句古老的諺語說：「要把事情做好，最好還是靠自己。」最低限度之下，你應該要去造「直接的因」。打個比方，如果你要讓狗從沙發上跳到地板上，有力氣的話可以用身體把狗推下沙發，那麼你和狗的移動之間便產生了直接的因果。雖然你可以只留在原地下命令，對牠說：「來！」或「下來吧！」去影響牠的動作，但是狗接不接受命令、服不服從，就要看狗的意願、學習或你對牠的影響力。在這個例子裡，你和狗接下來的動作之間是間接因果的關係。縱然你的命令聲對狗的耳朵（身體）發生效力，強度卻遠不及直接用身體推動。後者雖然會影響狗的意願，卻不能保證牠一定會離開。

了解因果不昧的法則是挫折和憤怒的解藥，因爲它可以讓你了解自身行爲影響的範圍。若你發現之前沒有創造直接的因，或是沒有充分的影響力，不妨換個方法再試。如果是直接或間接的影響力不足，盡可能去培養這些條件。要是理想中的目標根本不在能力範圍之內，就應該好好地認清這一點。不可能的任務不會成爲失望和憤怒的來源，我們的憤怒來自於無力感。沒有人會因爲找不到獨角獸，或是無法將獨角獸變成章魚怪而沮喪。

眞正令我們心情不舒坦的，是一些明知道自己做得到的事，卻總有那麼一兩個因素使得夢想無法實現。了解因果法則的人能區分比較難達成的理想和不可能會實現的夢想，因此大大地降低失望與憤怒。舉個較極端的例子：假設你成爲暴力犯罪的受害者，這時很容易感到絕望、憤怒，因爲你的身體受困，你的未來看起來也不樂觀。這時最重要的便是盡量不要陷入絕望與憤怒，採取理性的行爲。加害者通常會預設被害者循著常人的思考模式做出反應，只有獨立思考才能讓對方出其不意。冷靜行事，才有可能在困境中見到轉機。

在失去希望的同時，無法將因果關係串連起來，此即幻想和迷信的源頭。

在任何情況下你都可以選擇保有一顆平靜祥和的心。要是你的脾氣不好，那就問自己，此事是眞的值得動氣，還是因爲自己任性？某些人習慣藉表現憤怒來控制別人，這種人認爲，只要提高嗓門和動作誇張就可以得到自己想要的結果。我們是該表達、正視憤怒，但是請注意，當幼稚地大聲咆哮以吸引別人的注意力已成了你的習慣，周圍的人只會離你而去——畢竟，沒有人喜歡霸道的人。其實，還有其他表達方式可以讓你不耗費這麼多能量，同時保持自己的尊嚴及風度。與其因爲懶得動腦思考就養成了常藉驚嚇別人，令人對你產生畏懼的習慣，不如好好思考該用什麼方法才能掌握自己。懂得掌握自己，才能進一步掌握事情發展的結果。

你還為了過去的事而忿忿不平嗎？只要了解因果的完美法則，就會了解這只會為自己帶來負面影響。若你無辜受害，那麼可憐的對方遲早會因為自身行為所引發的負面效應，受到身體與心靈之苦，你毋需做任何事去改變他。不要去扮演那個「犯錯的本來是別人，自己卻為了賭氣而加入他的行列，最後成了為別人所犯的錯承擔業果」的人。這一點，不論你是用身體、心理或間接的方式去影響對方都一樣。累積更多的負面情緒只是讓你變得更不快樂，也許你對過去發生的一切還不能釋懷，但是放掉悔恨、拋開憤怒吧！好好地過自己的生活。最重要的莫過於讓自己在當前活得安詳寧靜——別忽視了這一點，對過去太執著的人無法生活在覺醒中。

你相信奇蹟嗎？大部分的人其實都渴望答案是肯定的。誰不想在心中抱著希望？又有誰願見到自己一天比一天衰老？你相信哪種奇蹟？聖誕老人很神奇，但是你相信聖誕老人存在嗎？應該不相信吧？那換齒精靈和復活節兔子呢？如果你的年齡超過六歲，那你應該已經知道，雖然這些人物都極具善良特質，但畢竟他們都只是虛構人物。北極並沒有留著長長白鬍子的老人，在許多穿緊身褲的小矮人幫忙下製造精緻的玩具，也沒有飛天仙女在掃除快掉的牙，再把它們拿去兌換強勢貨幣。更沒有行蹤神秘的大兔子把跟自己同一個模子印出來的巧克力和白煮蛋藏在你可能找得到的地方。只要你腦筋還正常就不會相信它們。那麼，你相信魔術師變幻的魔術嗎？想必各位都知道那些魔術是幻覺的效果。儘管有些魔術師很有天分，表演獨具娛樂效果，但是觀眾都知道魔術不是眞的。你相信哪一種魔術是眞的？世上有什麼果是找不到「因」的？眞的有這回事嗎？正確地認識完全的因果是幻想和迷信的解藥。

幻想和迷信的源頭是：在失去希望的同時，無法將「因」和「果」的關係串連在一起。我們所認爲的奇蹟裡有不少屬心理影響。例如，有一天你發現一個看起來有點像自己的巫毒娃娃頭上插了一支針，當下聯想到最近自己頭疼，而且突然間頭似乎疼得更厲害了。接著，你想起最近在公司裡和一個怪裡怪氣的人吵過架，肯定是他不懷好意。接下來，不管發生什麼倒楣事，你都懷疑是他搞的鬼。以上都是心理接受暗示之後的反應，非關因果。雖然你沒有被害，卻在「心理暗示」之下自己害自己。我們已經距黑暗時代很遙遠了，在那個有昏庸暴君的時代，我們將任何疾病與不幸都歸咎於邪術和妖怪。現在經由觀察周遭世界和因果效應，我們自己就有能力治癒許多疾病、預防天災、減輕它們所帶來的災害——理性思考對我們的經濟

善知識系列

楞嚴貫心

果煜法師 著／定價380元

《楞嚴經》佛教各派必讀經典！
今果煜法師以白話講述的精要版本

《楞嚴經》自唐代傳入中國，明清後獲高度推崇
「自從一讀楞嚴後，不看人間糟粕書！」的詩
果煜法師早年研讀《楞嚴經》時也曾輾轉難
多個人的修正經驗。本書中，果煜法師透
近現代人心的用語，佐以妙語如珠的生動
者一探此重要典籍之智慧、奧祕不容錯

心安了，路就開了：讓《佛說四十二章經》成為你人生的指引

釋悟因 著／定價320元

《佛說四十二章經》是佛教傳入中國的第一部經典
儘管字數不多，它教導的卻是最直捷的道路！

《佛說四十二章經》短短42則語錄，就有18則是關於
的對治，與「欲」相關的「愛」、「情」也輪番出現
的重要入手處。作者長年從事佛陀教育的推廣，有
回應人們修行、生活問題的經驗。她主張，宗教是
也是一種生活型態。佛法要有益於人，首要有
脫，不急往淨土極樂；應先具備正確的知見，在紛
中，安定自己的心、增長智慧與慈悲，善待一切因緣。

次第花開（隨書附贈希阿榮博堪布開示DVD）
定價380元

追求幸福的開始：薩迦法王教你如何修行
定價300元

自然解脫：蓮花生大士六中有教法
定價400元

千手千眼觀音齋戒：紐涅的修持法
定價400元

措的傳奇故事

，照片最精彩、豐富、

達賴喇嘛還是稱他為「世間最美

」；無論他寫下的膾炙人口的詩歌，無論他被傳說結交了多少個情人……，倉央嘉措，他的佛心與凡情，絕不是我們世俗凡夫所能分辨與明瞭……作者克服萬難，通過層層檢查關卡，深入倉央嘉措的故鄉達旺，揭開達旺神秘的面紗，以豐富精采的照片，帶領讀者同遊詩人活佛的故鄉！

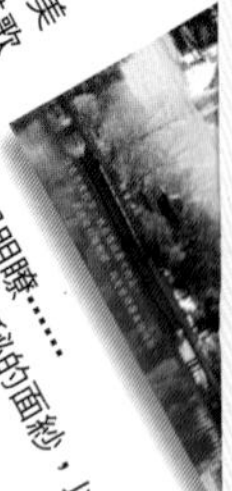

邱常梵作品

極密聖境．仰桑貝瑪貴：從500公尺到4000公尺的朝聖

邱常梵 著／定價450元／全彩

※隨書附贈「五方佛五魂湖」全彩拉頁海報

仰桑貝瑪貴，位於中印邊界喜馬拉雅山區，原屬西藏，今屬印度，地境隱密，是一處尚未被世人足跡踐踏的祕境，也是修行的殊勝處所。一千多年前，蓮師就授記此處是藏人艱困時期的避難地，許多成就者皆誕生於此。作者邱常梵圓滿三次殊聖的聖境之旅，創下紀錄，成為深入仰桑貝瑪貴朝聖的第一位台灣人！用心觀照的文字，兩百多張精彩照片，揭開仰桑貝瑪貴的神祕面紗！

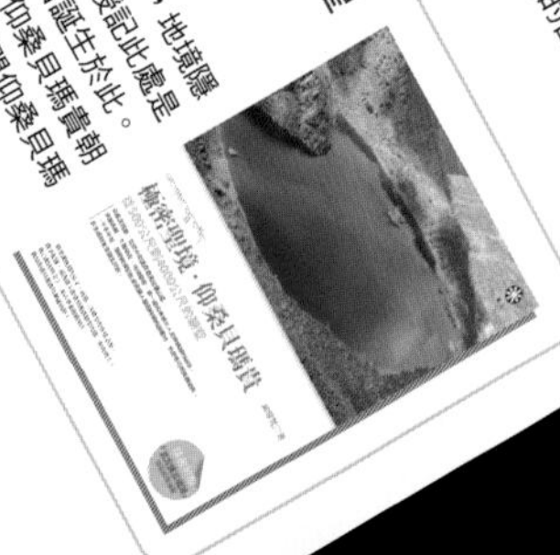

什麼樣的業力輪迴，造就現在的你：解開金錢、健康、人際關係、工作、共業的迷津

芭芭拉．馬丁&狄米崔．莫瑞提斯 著／林資香 譯／定價420元

心語身心靈推廣中心主持人 張淑瑤
前世今生書籍暢銷作家 黃子容◎感動推薦

你覺得自己的人生像一座迷宮嗎？你心慌意亂的在迷宮裡團團轉，屢屢碰壁就是找不到出口？你努力經營感情、工作、康，換來的卻是無盡的失望？或者相反的，你覺得幸運之別眷顧你，你總是心想事成，好運不斷？

你相信輪迴嗎？如果你不信，這本書將改變你。

當和尚遇到鑽石4

愛的業力法則

西藏的古老智慧，讓愛情心想事成

別再為了與心目中的理想伴侶相遇而尋尋覓覓、心煩意亂。重要的是，從這一刻起，種下好的業力種子，一切都能改變，答案盡在其中！

麥可．羅區格西作品

當和尚遇到鑽石（增訂版）：一個佛學博士如何在商場中實踐佛法　定價：360元

當和尚遇到鑽石2：善用業力法則，創造富足人生　定價：280元

當和尚遇到鑽石3：瑜伽真的有用嗎？—身心靈覺醒的旅程　定價：400元

西藏心瑜伽　定價：250元

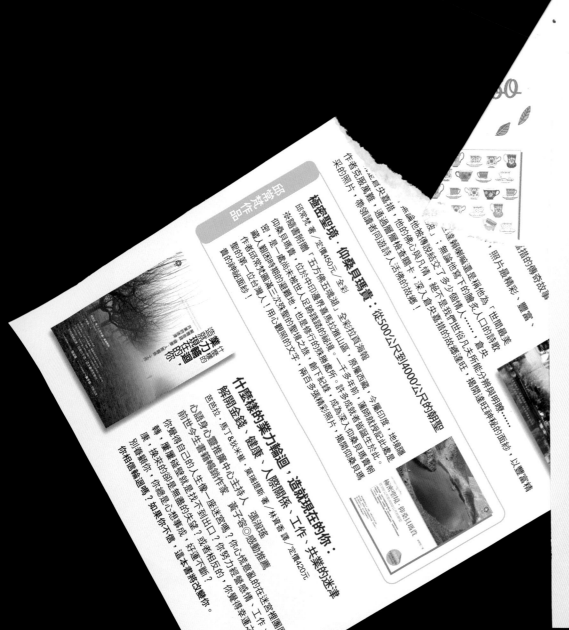

發展、健康快樂和心靈成長都很重要。

你不一定要有信仰，卻一定要有思想。當我們背棄思考去追求（假科學）和迷信，便是朝著無知、貧窮，而不是朝覺醒的方向前進。覺醒的心是理性的心在清明開放時的自然狀態。如果眞的要解決一件事情，而且要見到成效，你會選擇迷信還是科學？傷口發炎時，你會選擇頗富詩意的咒語還是消炎藥？

在改善健康方面，觀察、邏輯思考和科學舉證等方法雖然不盡完美，但至少是目前所知最好的方法。在理性思考和科學領域中，沒有人是天生的掌門人，每個人都得想辦法證明自己的理論。這也就是爲什麼不論目前哪幾國間劍拔弩張，世界各地的科學家和理性的人雖然國籍和文化不同，但彼此間依然溝通順暢，因爲透徹的眞理是他們共通的語言和共同的理想。

在我們以「概念」爲中心的思考模式裡，某些事被我們歸於不可知的範疇。這些事往往令人無法證明也無法否定。隨著時代變遷，神秘事件的類型也跟著改變。這些神秘事件屬於各個宗教領域，宗教能近乎完美地詮釋我們對這些事的信仰；每當令人不解的神秘事件發生時，宗教總能安撫我們的心靈。宗教是非常個人化的一件事；由於生活經驗不同，個人的信仰和抱持的信念純屬個人專有。這世上再也沒有另一個人能跟你用同樣的心情去經歷相同的事件、產生相同的結果。假使你從沒在這個世界上遇見另一個想法完全讓你認同的人，那麼讓全世界都認同你的機率有多少？要爭論必須要有道理，要有道理必須要有證據。對於可以被證實（或推翻）的事，還有什麼好爭論的？爭論的主題如果能被證實，雙方各持己見的時間不會太長，因爲通常找到證明之時也就是雙方取得共識之日。不論你信仰何種宗教，理性可以是我們共通的語言。我們每一個人都可以當「理性國」的公民。

每一個因都有果。忍辱波羅蜜就是去了解這個聽來老生長談的道理，可以延伸得有多廣、多不可思議。了解因果關係之後，由於可以自然而然地看清世間法，憤怒、焦慮和不安也就自然消除了，你也不會再對未來抱著不實的期待。當你深知目前所作所爲會帶來何種效應，當你的目光看得夠遠時，自然可以預見自己的行爲會帶來什麼結果。雖然你不能控制所有的因，卻能控制某些造成痛苦的因；經由學習，我們可以辨識兩者的不同。盡量避免製造會爲自己或他人帶來痛苦的因；不要陷在痛苦的經驗之中，更不要主動去造更多痛苦的因，否則只會讓自己陷得更深。

渴的時候喝水，而不是等著做儀式，此即爲了解因果。喝水能解渴，但是別以爲它可以療傷或讓你長生不老。每個因都會帶來一個果，每個行爲都會形成某些效應，如果你能覺察自己的每一個行爲和結果之間的關係，表示你已充分了解完美的因果法則。

4

精進

無畏的智慧

體會完全地無畏：

生命本身擁有一股持續感知與解讀的生命力，稱之爲勇氣。

這種延續生命的力量也是推動我們開悟的力量。

是什麼讓你感到害怕？是什麼讓你在面臨緊急危機時止步不前、令你癱瘓，並將你徹底擊潰？當你年紀還小時，恐懼也許是怪獸、也許是古老的幽靈，也許是當地球上出沒著捕食人類的大野獸時遠古的噩夢。恐懼總令你在黑夜裡渴求一線光亮，來證明這些其實沒有什麼好怕的——這也是你沒在黑暗中把腳伸出床邊擺動的原因。這些恐懼把你壓得死死的，使你動彈不得。

現在你已經長大了，怪獸已然消失，恐懼卻依然存在。它潛伏在黑暗中、依附在我們看不到的東西上，它夾雜在恐懼和榮耀裡，它潛伏在憎恨及種族歧視中，它成了我們的黃金手銬——財富及名望。在我們認爲旁觀者也許不認同我們的想法時，讓我們不去做對的選擇——怕別人不認同我們、怕被羞辱。敵人往往利用這種恐懼的心理、儒夫般地偷襲我們。害怕被嘲笑，害怕失去控制，這些恐懼使我們在該說話時保持緘默。恐懼能以巨大的力量僵化你。它是弱者的保護膜、天才的束縛、正義最大的敵人。

一旦恐懼滲透到你的生活中，它會從裡面開始腐敗，一點一滴的消耗你的能量，讓你感到疲倦、意志消沉、灰心喪志。恐懼會以各種不同的面貌呈現，例如老是感到懶洋洋地、很愛嫉妒別人、自己都覺得自己眞的很懦弱、該堅持立場卻總是退卻。整天坐在電視機前，沒有做任何有義意的事；停滯不前、老是原地踏步，厭惡自己的工作等。萬一你已經被恐懼抓住，行動力越來越衰退，那麼你該如何逃出它的手掌心，破解它的魔咒？

傳統的六波羅蜜治療懶惰的方法是「精進」，爲完成的光榮志業努力不懈。什麼是努力？就是透過辛勤地工作、歷經艱難得到收穫，藉此對惰性施加阻力。至於何謂光榮大業?這就有待商討了。世上沒有絕對的榮耀,每個人都在追尋屬於自己的榮耀,是一種你無法從任何人那裡取得,也沒有人能從你身上拿走的東西;是你所支持、擁護,除了自己之外、不需要別人認同的價值。跟面對偉大不可知的事物時的信念相同,榮耀是很個人化的一件事,跟信仰同等重要。

如何才能得知一個人是否已經尋得屬於自己的榮耀?已找到的人,別人感受得到他堅定的信念;還沒找到的人,別人也感覺得到他的心慌。

精進,無論善行與否,並不能使你免於恐懼。恐懼不會在我們工作時降臨,它只會悄悄地降臨在懷疑和沉思的縫隙間。

懶洋洋或是憂慮的時候談努力根本沒有用。這種情況下的你,光是想到這兩個字足以讓你退卻,根本提不起精神。嫉妒也是由缺乏努力所引起的。抱怨及找藉口總是比努力做出成果簡單。當你感受到來自對手的威脅時，與其和對手面對面，還不如搗蛋、替對方取綽號，這樣子比較安全。

什麼是榮譽、什麼是不榮譽？是個值得我們深入探討的話題，但是沒有人會認爲心胸狹窄及小氣是榮譽的代名詞。沒有人說你必須要程度頂尖才能參與競賽，但是在你琢磨自家技藝的同時，也必須尊重別人的技藝。既然和對手的實力不相當，與其煩惱是否能在競賽中勝出，不如去觀察那個有力的對手，也許你能從他那裡學到寶貴的一課。如果最後你還是缺乏在比賽中與對手正面相迎的勇氣，那麼也許你該轉戰其他戰場了。值得爲了輸贏拋棄榮譽嗎？對某些人而言，這也是有待商榷的。

如果你覺得自已很軟弱、容易受人擺布，或是需要挺身而出時總是退縮，那麼不論你如何精進努力，情況不會因此改善的。什麼原因令你裹足不前？爲何你選擇放棄？有什麼東西値得你用尊嚴去交換？避免衝突？受人稱讚？衝突永遠都存在。既然衝突無法避免，爲什麼不選擇站在自已的立場讓它發生呢？有哪個稍有理智的人願意在這個除了無常、變數之外，其他事情都沒保證的世間，爲了讚美、名聲和金錢而折腰？小心地畫下你的底線，那麼即使是在最黑的夜裡，你也能夠毫不猶豫地捍衛對自己而言珍貴的東西，不會將精神耗費在爲不重要的事情抗爭上。你的力量來自於你的「決定」，不是你的「努力」。

努力工作無法讓你變得不討厭你的工作。你應該爲了喜歡而做，而不是因爲你被綁住了或認爲那是義務才做。假如你不能從工作中得到滿足，那麼你應該從事其它工作。從你的角度看來，你只會在心理上產生憤怒，接著將會衍生另一堆難題得應付。被強迫努力工作，跟奴隸有什麼兩樣？唯有出於自願的成就才有意義，靈感和啓發只保留給無拘無束的人。

在這些情況之下，努力工作也許是問題的相反面，卻不是問題眞正的解藥。說努力是懶惰的解藥，如同說治療水痘的方法就是不要長水痘。我們需要影響力、行動力將我們從絕望過渡到精勤，我們需要一個橋樑作爲「因」。造成我們懶惰的「因」當然不能發揮讓我們努力的作用。事實剛好相反。是什麼力量能讓我們在嫉妒時恢復理性，在軟弱時變得堅強，在厭惡自己的工作時，勇於嘗試自己喜歡的工作？

令我們癱瘓的恐懼不是缺乏努力造成的。我們怕的不是努力，那並不能使我們癱瘓。你可以一生努力不懈，所行皆爲善事，照樣覺得很苦；你可以終身機械般地

勞動，別人叫你做什麼就做什麼，到頭來還是免不了變成一個喪氣、易妒、懦弱的人。這類的努力精進絕非解除恐懼的妙方。不曉得是怎麼回事，顯然在傳遞信息的過程中我們已然不解其義。

通常我們對恐懼有很強的反應，因爲恐懼之後通常跟隨著苦的基本形式：痛。當我們學會避免生活裡可能造成疼痛的「因」後，身體對恐懼就沒什麼反應了。一個發燙的爐子可能是造成痛的「因」，但我們不會一見到發燙的爐子就扔下手中的鍋子逃跑，只會小心地使用它。事實上，在一般日常生活中沒有太多讓我們提心吊膽的事。造成恐懼的因素越少，我們就製造越多莫名的恐懼以自娛。人類的焦慮度似乎總是維持在一個不變的定量，而人們唯一的工作就是替焦慮找目標、找對象。一旦我們讓恐懼以不合理或不恰當的方式出現，它會變大、擴散，形成懦弱、懶惰和嫉妒。正因爲恐懼會癱瘓一個人，不當地啓動它將影響整體身心的健康，甚至威脅我們的生命。要完全了解及克服生命中恐懼的症狀，首先你必須檢視它的成因。

精進就是要拼命地去做？眞正的精進是勇氣的化現。

造成恐懼的正是最頑固的苦因，也就是我們的根本無明之苦。

我們害怕黑暗是有原因的。打從一開始，無明、無知就困擾著人類。恐懼和無知是緊緊相扣的。不意外的是，最大的無知便是我們最大的恐懼：死亡。雖然每個宗教對死亡都有屬於自己的一套教法，但我們仍然無法完全確定死後究竟會發生什麼事？我們能確定的是這個過程看起來並不好受：當我們所認識的人面臨死亡時，他們看起來很痛苦、害怕和悲傷。就算死亡看來並不可怕，卻一點兒也不有趣。一般人一致認同的是：直到我們確定緊接在痛苦及身體衰弱之後會發生什麼事之前，我們會盡一切力量避免死亡。

人類對於未知事物的謹慎使我們免於受傷害，但是在此同時，傷害我們的盡是些未知的事物。若是我們能了解世間因果，就能以科學及邏輯推論去除擋在我們與平靜之間的巨人——無明、無知。因爲無常的關係，我們還是會有某種程度上的無知。每當我們學會規則，規則就變了。當我們能治癒舊的疾病時，新的疾病就出現了；解決舊問題的方法總是會製造出新問題。

超越任何障礙之前，你必須先觀察整體情況，確認障礙確實存在。世上沒有任何方法能幫你解決自己拒絕了解的問題。下一步，你必須分析目前的情況、收集和問題相關的訊息、了解發生的原因。你必須專注於障礙上，直到你了解它爲止。最後，你必須看清整個系統，比如這個障礙與你之間的關聯、如何調整所有包含在內的變數，直到你跟你的障礙不再形成對立，就可以排除障礙、獲得智慧。

我們可以用同樣的方法去解決無明煩惱。在此章節，我們談的是完美的勇氣，就讓我們培養勇氣，去認識無明煩惱的存在。它是如此地困擾著我們，以致於我們對很多事情都採「不行動」爲行動。在第五章裡我們將探討充分了解無明所需的專注與禪定。在第六章裡，我們更要討論了解自身和無明煩惱之間的關連所需的智慧。

跟其它的波羅蜜一樣，精進、努力並非外在的行爲表現，也非架構觀念，而是我們內在自然的眞實樣貌，既不能被增加也不能被減少；你不能去改變它，只能去覺察它、體驗它。人們以爲努力就是要拼命地去做，其實眞正的精進波羅蜜是勇氣的化現。

勇氣是一種讓人可以用自己的自制、自信、決心和勇氣，來面對危險與恐懼的生活方式。它不僅包含了下定決心努力的因素，還包含許多其他因素。我們都知道，生命充滿了煩惱和挑戰，所能獲得的獎賞無非是選擇物質感官短暫的享受，或是盡量減輕痛苦，並將痛苦減輕的時間延長，直到你能享受到覺察和體會宇宙全體存在實相的快樂，換句話說即是「證悟」。

當人們對各種自殺方式感興趣，且將它們付諸實行，就是我們該有所警覺的時候了。這種急迫的溝通方式，傳達最深切的悲傷。這個世界一定是有什麼地方出錯了。我們應該要進一步找出它的根源，下定決心找出答案和治療方法。在這種危機變成慣性之前解決它，是我們身爲人類的職責。一旦讓自殺這種架構思維變成普遍的溝通方式，將是人類生存的一大危機。

認同自己的目標才能發揮潛能，「做自己」才能證悟。

沉默的因可能演變成致命的果。謹記因果法則，將造成事情發生的「因」當成附在「果」上的有機物。「因」是活的，因果本爲一體兩面，如果我們認爲如此激進的行爲背後沒有緣由，就是在欺騙自己。我們應該致力於找出造成此種危機的因，確實改變這些因以避免悲劇上演。我們該好好地問問自己，什麼事情會嚴重到讓一個人不惜爲了改變所愛的人拋棄生命？我們願意見到世上的任何一個人，不論是敵是友，活在如此絕望的境地中嗎？哪怕只有一點點的可能性，有誰願意成爲自殺的因？

好比纖維是布的一部分，生存意志和勇氣也是生命的一部分，與生俱來，如同渴望陽光的小草即使長在人行道的縫中也要把頭冒出來。儘管路上布滿了荊棘，爲了多支撐一秒鐘，生命也會繼續奮鬥下去。身體會本能地避開痛覺，它屬於自我防禦系統的一部分。即使是細微得猶如針孔般的威脅，肉體也會竭力抵抗、排除，好讓身體繼續覺察及解讀外來的訊息。

覺察、解讀、反應是我們直接了解這個世界的方法，也是證悟心性的方法；除此之外別無他法。沒有人可以直接傳授，更沒有人可以替你去做。因此若想達成這個終極目標，最佳的配備是不屈不撓的精神。

好奇心和求知欲是我們的天性，我們每天都從生活中汲取經驗，學習怎麼做事、怎麼待人。我們用許多新的方法讓世界一點一滴地朝理想邁進，讓生活過得更愉快。之所以不將這些活動歸爲開悟之道，是因爲它們看來很平凡、很世俗。雖然看起來進展緩慢，不過那是因爲我們是從日常生活的瑣事、從小悲小喜的角度經驗人生，重點放在家人、友情和愛情上。

若是你退一步便能很清楚地見到人的一生：出生時只有有限的知識、技能，及自我保護能力；成長的過程中，我們以覺知和解讀的方式學習，再和他人分享；年老時，大腦停止覺知及解讀，迎接死亡。

由人類的歷史得以看出，數百年來，人們不斷地增長、累積知識，對自我、他人和世界的覺察越來越深入，範圍也增廣了。由深海直到火星地表，現在人的常識眞不知比一百年前的人多多少。雖然我們不認爲這些常識和證悟、覺醒有什麼關係，但其實它們是的。證悟即是免於無明、無知和煩惱。就算沒有刻意去修行，人類還是每天一步步地朝證悟邁進。這個過程本身就是「勇氣的完美」。

人類偉大的文明，要歸功於那些讓我們能更進一步解讀自心、認識宇宙的人。人們仰慕那些引領我們將天賦、技巧、風格和影響力發揮極致的人，足以見得我們有多珍惜這樣的特質。那些讓我們見到如何將潛力和可能性發揮致極的人，我們稱之為英雄。我們無時無刻都在朝證悟的方向前進，要是還有可抱怨之處，那就是我們覺醒的速度緩慢，而英雄也太少了。

為什麼英雄這麼少？既然勇氣是生存意志不可或缺的，為什麼多數的人都缺乏勇氣？為什麼人們可以站著卻寧願選擇跪著？我們活得像是只要自己發出一點點的光，就怕引來撲火的大天蛾。但是我們怕的既非大天蛾，也不是超自然怪物，我們怕的是自己的同類。

在所有令我們害怕的事物裡，最怕的東西一直都沒有改變。去年有多少人被獅子、熊或鯊魚攻擊而死亡或受傷呢？並沒有很多嘛！那麼有多少人被謀殺或是因人爲過失致死？地球上最大的掠食者跟最聰明的掠食者比起來根本不算什麼。

要是我們保持沉默和退怯，明知道對的事情卻不敢去做，原因是怕死或受傷，這種心態還能理解。雖然懦弱，但是能多活一天說不定就有解決的機會。問題是，我們保持緘默不是怕死怕傷；而是怕別人不認同自己。

我們不敢在大眾面前說話，不是因爲萬一對方不贊成我們的想法會判我們死刑，而是怕出醜、怕被取笑。不寫眞相，只寫大眾愛看的作品，不是怕書的內容被當成異端邪說，自己可能會被丟到用自己寫的書當燃料的火堆上，而是怕寫的書沒人看。害怕對抗不公義的事情，不是怕被控造反上絞刑台，而是怕失去工作、他人的認同和名聲。我們爲了讚美、爲了錢做事，證明這副黃金手銬比幾百年來用來對付自由思想家的謀殺與酷刑更能封住我們的嘴巴。爲什麼從前的人願意承擔那麼大的風險，現在我們卻連一點點風險都不願意擔？就算是每個人的身上都有一張標籤，那個價碼也太低了吧？

我們只想讓自己的外表、想法和行爲和別人一致，難怪流行商品的標價遠超過它們本身的價值。我們害怕別人與自己的不同之處，自己則深怕引起別人的懷疑。其實我們對勇氣並不陌生，只是在那些小看了我們的勇氣的人有機會發現它之前，我們都寧願捨棄它。在此之前，勇氣曾是我們親密的朋友。

我們不只對不起自己，也無法成爲他人的靈感，讓他們完成英雄的偉業，甚至只要是自己做不成，或甚至不願意去做的事，我們也鼓勵別人不要去做。每十個人之中有九個拒絕創新，只有一個人願意嘗試。每十個人之中有九個盼望這個世界能給他們些什麼，只有一個人是自己能給自己多少東西就拿多少。每十人之中有九個只循舊規辦事，只有一個人會思考是否有更好的方法。每十人之中有九個在上鎖的大樓前只會呆呆地站著，只有一個人會繞到後門去查看後門是否開著。

人類演化的速度和責任完全擔在那第十個人的肩膀上，其它的九個人安於別人告訴他們什麼才重要、什麼不重要；第十個人自己決定什麼對他而言是有價值的，其他九個人希望從他身上挖到靈感；第十個人的目光定在前方，其餘的九個人只知道做別人叫他做的事；第十個人做的是自知對自己有益的事。每十個人之中有九人的目標是安逸，第十個人的目標是正覺。做人就要做那第十個人。

我們受的教育不是在培養自由意志者、先鋒者及天才。我們的老師教我們如何成為一天八小時坐在辦公桌前的專業人士、教我們記憶及念誦、教我們接受別人的讚美、拿取別人給我們的好處、達成別人給我們的任務。他們認爲這麼做是爲我們好、希望我們安全及安定、希望能幫我們找到工作並被社會接受；他們希望我們離麻煩越遠越好。

雖然多年的學習生涯足以對我們產生很大的影響，卻不應成爲我們一切行動背後的主動力。多年的學習時光雖足以影響我們，卻不足以牽制我們的行動。身爲一個人，要能認同自己的目標才能發揮潛能；要做除了自己以外任何人都做不到的事，要「做自己」才能證悟。

理解因果後，隨之而來的是巨大的責任感，要助人解除無名之苦。

了解了這一點，我們會發現拒絕社會多元化有多不合理。爲了讓社會裡每個族群裡的每一分子將所長發揮到極致，我們應該要給彼此伸展的空間。爲了讓全體人類生活得更幸福，我們必須接受彼此原來就不同的事實。接受這個事實，你將步上偉人的大道；否認這個事實，你終究將尾隨綿羊的足跡。在每分每秒的選擇之間，做決定的永遠是你自己。

當全世界都沉迷在遊戲規則裡，掌握遊戲規則的勝者卻站出來向大家宣布：事實眞相是遊戲規則，不是全部，還有比遊戲更重要的事。眾目睽睽下，就算別人侵犯了他的權利，他也毫不遲疑地大聲說出一般人只敢竊竊私語的話，世間人因此而惱羞成怒。掌握遊戲的勝者說：「我不能包庇不義的事。有些事比名聲、榮耀和遊戲規則重要，我不會被矇蔽。無論如何，我將不計一切代價地去守護它。」

當一個人爲了尊嚴和自我價值，這個只有自己才能給自己的禮物，而拒絕了世間人嚮往的一切，世人只覺得自己像個笑話，被嘲弄了。曾經發誓要給他最好的一切，曾經口口聲聲說要把最好的珍寶都給他，最後則是把所有的汙泥都塗在他身上，連一點保留都沒有——蔑視嘲笑也好，掌聲讚美也罷，世人的評論本來就是無常。

隨世人的掌聲起舞，就跟伺候一個陰晴不定、被寵壞的主人的奴隸沒兩樣。這樣個人生命的尊嚴不就成了一個笑話？

要爲自己認爲有價值的事而活，不要管那些多事的旁觀者；他們跟遊魂一樣，不但對你沒好處，還會令你分心。

獨行俠很難不變成顯著的目標，這也正是爲什麼我們會需要勇氣。通常暴徒最喜歡結黨結派，像食腐動物般成群攻擊。此外，他們還有一項食腐動物的特徵，就是從不正面攻擊。

面對這個世界的時候，與其老是迎合他人，不如選擇一個符合自己的行事風格。想克服恐懼，就要把那看似精緻華美，實則爲束縛的架構概念徹底剝除。克服恐懼的方法就是轉個身，和自我束縛的概念面對面。沒有抱歉、沒有後悔，這才是眞勇氣。面對強大的公理，殘暴者終將臣服。因爲他們對強者了然於心的勇氣，根本摸不著頭緒。

沒有人會因爲你具足追尋證悟的勇氣，也沒有人會因爲你用自己的一生照亮籠罩人類已久的無明黑暗而頒給你一面獎牌。許多人甚至把無明、無知當成舒適安全的堡壘，拼命地想保住它。某些人則藉著無明以穩固虛幻不實的權力，不願釋放掌控在他手中的奴隸。不要爲了幫助弱者或打倒暴君而修行，要爲了知道這是唯一能

讓你脫離煩惱和痛苦、得到完全自由的方法而修；要爲了拒絕沉溺於幻相和奉承裡而修；要爲了「生命是堅強的，而你是勇敢的」而修。

理解因果後，隨之而來的是巨大的責任感。現在，你明白因與果的延伸是無窮無盡的，在無常的世間，你要對自己持續不斷的存在與作爲負起責任。你對這個世界的影響將會一直延續，無論發生任何事，這個事實都不會改變。一切所作所爲都會產生對應的果。根據我們對基本生存勇氣的了解，自身擁有的生存意志力一定會讓我們在生活中有所行動，進而生成某種果。那麼你最想要的結果是什麼？

你可以將自己的力量用在獲得豐盛的物質享受、響亮的名聲，或者轟轟烈烈的愛情上，也可以盡己之力讓貧者得以安居、飢者得以溫飽。如果這就是你想要的，那麼你已經知道該如何達成自己的目標。你知道世間無常，事情經常在改變；也知道不論你要做什麼，選擇的自由都在自己手上，以及自身的作爲能產生多少影響力。只要再加上一點用心和努力，想達成願望不成問題——問題是，願望達成之後呢？

也許你的生活改善了很多，表面上看來應該不會再有什麼煩惱，但是事實上，你還是在煩惱，只是方向改變了。就算花上一輩子的時間去滿足他人的物質需求，也絲毫無法減輕世人的煩惱。當你餵飽全世界的數小時之後，世界又飢餓了。即使將堆積如山的財寶都布施給窮人，他們還是會生出其他煩惱。畢竟世間無常。工作當然能讓你保持忙碌，可是，難道這就是你生而爲人的最高價值了嗎？爲滿足他人的幻想與渴望而忙？在此無常世間，這去來的一切始終不能改變這個世界。眞要幫助自己和他人，就要將勇氣和力量用在解除最根本究竟的苦因：「無明」。

改變永遠不嫌遲——領悟勇氣的完美，爲生命最偉大的目標奮鬥。

前三個波羅蜜談的是你和外在世界的關係，它們是你色身的無常、感覺的自由和你接受外界刺激後的反應產生了因果。這些煩惱和痛苦皆與你和外在世界的交流有關。諸如肉體的疼痛與心理不滿足的匱乏之苦、人爲觀念構成的苦與行苦是由於我們感知外境之後，再去解釋它所形成的苦。

後三個波羅蜜則是跟你的內心世界有關，它們和根識、行爲與和外界的互動無關，只和心識有關。就算你把自己關在一個房間裡也感受得到這些苦，連被裝在罐子裡的大腦都能感知它們。引起這些苦的是你本身，也就是由自己的無明所生。

解決這種痛苦需要一種特別的勇氣，唯有具備勇氣波羅蜜的人才能有這種勇氣。雖然勇氣本身的存在毋須刻意培養，但若要在短時間內親身體會，就要有出於自心的體悟。千萬不要以爲別人能幫你體會，這完全得靠自己。

領悟勇氣的完美，是由怠惰走向行動力、頹喪走向奮鬥力的橋樑。蛻去我們自己編織的藉口和特權之後，即使遭逢最大的試煉、身處絕境的我們還是有活下去的勇氣。到底是什麼原因讓你無法揮灑天生戰鬥力？裹足不前是因爲你不確定方向是否正確？不論原因爲何，你都應該衡量自己的計畫與目標。要是計畫的確值得付諸行動，那就去排除阻礙它的想法和觀念！如果對目標有疑問，就應重新思考方向，必要時盡快轉舵。

改變永遠不嫌遲。千萬別把猶豫不決、下不了決心當成拖延的藉口，才能免於陷在進退兩難的窘境。停滯不前比採取行動更可怕。

讓自己被他人操控是偷懶的表現。你誤以為和他人起衝突或是自己做決定，還不如讓別人替你安排省事。懦弱者並不能逃離因果法則。接受別人的安排並不能使你免於責難，別人的命令是影響力，你付出的行動才是「因」。既然是你犯的罪，坐牢的當然也是你。仔細想想，承擔自己決定的苦果總比承擔別人決定的來得好。自己做決定，至少知道自己盡了全力，也能得到寶貴的經驗。有了經驗就能有更周全的計畫，下次才會更好。盲目跟從別人的錯誤決定只能學到一個教訓：下次用自己的腦袋思考，自己做決定。

容易妒火上升的人，請不要四處張望！如果你多關心自己手邊的事情，少關心別人正在做什麼，就不會生嫉妒煩惱了。有些人連自己的生活都過不好，還堅持關心別人是怎麼過生活的。與其把時間浪費在嫉妒上，不如把注意力放在你崇拜的人所展現的「勇氣的完美」上。如果他們之前把注意力都集中在觀察你的表現上，還能有今天的成就嗎？去發掘自心的勇氣波羅蜜，並立刻採取達成任務所需的行動吧！

如果對勇氣波羅蜜——勇氣的完美——有所領悟，就不難找出自己對工作不滿意的原因。問題或許是出在工作性質、你的態度、工作環境等等，可以設法改善這些條件讓情況好轉。所爲之事若非出於己願並無功德。如果工作環境裡找不到令你感興趣的事，不如換個環境。不要擔心賺的錢少，要過舒適的生活其實花不了多少錢。生命的價值不在於金錢或別人的想法，學習及成長才是生命的眞諦。這是連最簡單的有機生物都有的權利，你至少要賦予自己跟黴菌、細菌和單細胞生物同樣的生活品質。下次當你坐在辦公桌前，不妨問自己，一顆黴菌能在這種環境下過得快樂嗎？若你眞正的回答是「不能」，那麼你是該往前看了。

理解「勇氣的完美」，就是體會到當一個人快要渴死的時候自然會尋找水源，找到後便毫不遲疑地喝下它。他不會等別人允許，也不會等別人喝過才敢喝，到底是污水還是聖水都不重要，總之生命會盡其所能地生存下去。為了人類的生存與繁榮，我們必須將無知、無明連根拔起。認清這個事實，再佐以正確的方法，如同將渴死之人般地渴求證悟，覺醒只在彈指間。

你也許無法完成每一個曾經擁有的夢想，但是你擁有完成最重要的一件事：減輕無明痛苦的能力與勇氣。只要你懂得勇氣波羅蜜，你的熱情和自我價值便隨之而來，怠惰、嫉妒和挫折的煩惱都一掃而空，因為你知道，自己是在為生命最偉大的目標奮鬥。

只要你下定決心掃除無明煩惱，任何事都阻止不了你。

5

禪定

當下的智慧

體會當下的智慧，知道我們只存乎於當下。

現在這一刻你正在做什麼？雖然你看起來好像在閱讀，但你又不是完全在閱讀；你不完全在這個當下。現在我們再試一次：你正在做什麼？在你看完這一句時你已停止閱讀，忙著思考問題的答案。也許你正用腳在地上打拍子，也許你正盯著天花板，你正在呼吸空氣，胃裡一邊消化食物；也許你心裡正納悶隔壁房裡的噪音是怎麼回事。你也可能一邊回憶往事，或者盤算接下來的事。甚至你可能正在想：繼續往這個方向思考的終點在哪裡？有答案嗎？你現在正在做什麼？「現在」究竟到哪兒去了？

如果你能覺察自己的思緒，相信你不難發現思緒和你目前正在做的事、眼前所發生的事或你的身體無關。思緒猶如天馬行空，紛亂的思緒令你連手邊的雜務都不能處理得井然有序，更別提以此心開悟。

你常感迷惑、難以集中精神、做事雜亂無章、缺乏條理嗎？你經常不確定自己該做什麼才好？你迷戀瘋狂冒險，追求刺激的生活嗎？你曾經懷疑自己患了注意力不集中症候群？你做事總是三分鐘熱度、虎頭蛇尾？你是否害怕獨處、遇事猶豫不決又容易分心？對塵封往事總是內疚不已？

傳統上，六波羅蜜解決這些煩惱的方法是集中精神，也就是「禪定」。基本上，禪定可分爲兩種，第一種禪定是分析，它的方法是針對你想了解的問題或現象集中精神思考。進行此種禪修不必到寺院裡規規矩矩地坐在蒲團上。至於思考的問題，大至解除眾生的煩惱，小至操作一台剛買回來的電腦，分析式禪修與我們在日常生活中理解事務的思考理路基本上沒有差異。

第二種禪定是靜心。大部分的人提到禪修指得都是「止禪」。此種禪修的方法爲靜坐一處，無思無想，置心於一處；比如呼吸、念頭或一個形象上。經由數月至數年的練習，你能既不昏沉也不掉舉（興奮），毫不費力地集中精神於禪修的對象上，安坐的時間也能加長，所觀的對象在心中連分毫細節都能清楚地顯現。當你能靜坐長達四個小時而不爲外在環境、自己的身體和思緒所動，就算達到能安住（calm àbiding）的境界。

以上兩種禪修各有不少人享受它們的樂趣。除非刻意否定禪修的益處，禪修的確爲我們帶來無可否認的利益。它將我們從層層疊疊造成阻塞的思緒中釋放出來，讓我們在其中休息，恢復健康。禪修能放鬆我們的身心，讓我們以一顆清明寧靜的心去面對身處的世界。

但是能觀自己的呼吸數小時甚至數日，眞的能讓你證悟嗎？只要你的心能安住，就能很清楚地觀察這個世界，正如平靜的海面比暴風雨夜的波濤更能映照出天空一樣。不錯，你是能擁有靜坐不動四小時的「特異功能」，此外，你還能很清楚地在心中觀想一個形象長達數小時。無疑地，熟悉禪修的人的確擁有這些能力。要是你認爲這對你的身心健康很重要，那麼是可以考慮修止觀。培養此種技巧所需的高度精神集中力不下於高空特技與走鋼索，令人驚嘆。但它只是一種技巧。證悟心性跟後空翻三圈，滿分落地的體操技巧或是單輪著地的摩托車特技不同，它不是一種特技，而是了解與體悟。如果一定要在這裡指出我們對修行的誤解，那就是我們認爲覺醒非得靠靜坐才行；令人難以相信的是，一邊表演令人心跳加速、眼花撩亂的特技也能證悟。前者錯在哪裡？錯在後者比較精彩、比較有看頭。

從記得把眼鏡丟在什麼地方到證悟——精神集中是了解任何事情的關鍵。不能集中精神時，我們的思考欠缺組織，精神上易感徬徨失落。禪定本身不是一種概念，是心的相續；相信證悟一定要靜坐，長時間集中精神在一個抽象的目標上則是一種概念。概念只不過是你的信念罷了。對喜歡長時間靜坐的人而言，這個信念屬於你，如果不喜歡就將它拋開吧！

無論是佛教徒或非佛教徒，都常以佛陀爲典範尋求開悟之道。雖然佛陀證悟時呈坐姿平靜地呼吸，但是想要和他一樣修成正果不能單靠模仿他的行爲，有面子沒裡子。假設有天，你聽說一位諾貝爾文學獎得主花了一七二天打字，完成一部曠世佳作；請問，你能在同一張書桌上，用同一型的打字機隨機敲打鍵盤，如此敲一七二天之後寫出相同的作品嗎？

這其實比較像是小孩子扮家家酒遊戲，依樣畫葫蘆地穿上大人的衣服，模仿大人的行為。你想假裝自己證悟了嗎？你比較想在朋友面前假裝已經證悟，還是你眞的想證悟？眞想證悟的人得探索蘊藏於表面下的眞相。一定要能靜坐很長的時間才能證悟嗎？對於這個問題我們很難下定論。證悟本身與時間長短無關，它不是只上映一輪的一票兩片電影，如果不好好地坐四個小時，專心盯著眼前的銀幕就可能錯過精采片段。證悟心性不是在有效期間內得趕工完成的工作或任務，證悟心性非關外在作為。你唯一在等的是——你自己的心。

你曾不曾在清晨的半夢半醒之間做了個長夢，夢醒之際看到時鐘才發現其實你只睡了一下子？「心」常以不同方式經驗及覺察時間長短。忙碌時，時間過得飛快；無聊時，時間卻過得很慢。做自己感興趣的事情時，時間總顯得不夠用；做自己沒興趣的事情時，時間則顯得很漫長。

試想一下：通常你得花多少時間才能了解一件事？不一定，對不對？某些事你似乎能一點就通，有些事卻得歷經一番努力才能豁然開朗。無法一點就通的原因可能是其它事造成你分心，讓你無法專注，也可能是你缺乏面對答案的勇氣。也許你的手上沒有能幫你了解問題的資訊，另一個可能是你所抱持的觀念成了你的阻礙，這個觀念令你始終沒能朝正確方向尋找答案。或許你認爲想法和觀念永遠都無法改變，但其實它們是如此地善變又如此短暫。只要你的問題找得到解答，不論要花多長的時間才能破除這些障礙，障礙一旦破除了，謎底緊跟著水落石出。解答的過程可能發生於一瞬間，但是破除了解問題障礙的過程卻很漫長。

在日常生活中修「止」，而不只是在蒲團上！

領悟經常自然而然就發生。

認識想法與思緒的無常是很重要。一旦你覺察到自己的思緒是多麼迅速地從一個轉變到另一個，便不難體會：其實，自由就蘊藏在這完全的無常中。你只需花三十秒的時間觀察自己的思緒就能覺察到此點，也許你已經在日常生活中如此去觀察。沒有人會阻止你一再重覆去體驗這個眞相，決定權完全在你手上。

就算你想把後半輩子的時間花在計算二加二是否永遠等於四，那也是你個人的自由，但是你既不會得到新的答案，也不會成爲將二重複相加的大師。你這一生第一次將二重複相加的答案，跟最近一次不會有所不同。練習觀察自己的念頭跟這種情形相似。如果你在過程中學習分析自己的想法和思考模式，或許還能進一步了解自己，但若是你僅止於觀察自己的思緒從一個跳到下一個，那麼你能學到的也只是念頭會從一個變成另一個，認識這一點其實不用花太多時間。

別為了學會如何止住念頭通宵達旦，徹夜不眠，別替自己增加另一個造成煩惱的既定觀念。如果你非得如此刻意造作才能禪定，那怎麼能過正常的生活呢？只要你曾見過動物從追捕到獵殺獵物的過程，或是觀察牠們如何築巢，相信你一定明白我的意思。人類製造下一代的過程也需要高度的專注，可是大部分的人都不必強迫自己在此關鍵時刻集中精神。自兩千多年前佛陀去世以來，人們不斷地嘗試以修「止」達到證悟，只可惜成功的例子少之又少。

這個世界已然改變了。兩個世紀以來，先進的科學及教育令我們具備先人只能靠自己在黑暗中摸索的知識。現代的修行人不再只能依靠信仰，還能依靠推理的結論。在科學界的新發現一樁一樁地演變爲常識的今天，證悟心性不再只是一條艱苦的長途跋涉，而是一道以常識爲橋墩建造的快速道路。

人們能集中注意力的時間已隨著時代潮流改變了。身處資訊日新月異的今天，我們隨時要迅速無誤地接收、消化大量資訊。從高速駕車到使用高科技產品，大腦不得不因應新生活的需要演變。不幸的是，在適應新生活的同時，我們也將自己帶離了從古至今、我們深信能帶領我們走向證悟之道的法門。

數百年來，證悟者是如此的稀有，要讓人們相信自己值得投注大量時間在證悟之道上是越來越困難了。現代人很難相信將大量時間投資於證悟之道有什麼價值，很難生起信心。證悟就像你知道地球是繞著太陽公轉的球體般，是眞實的體悟。然而，多年的冰凍三尺之寒使得體驗眞相已成爲屬於另一個世界的神話及象徵。

既然我們沒有用多年的時間，去尋找傳說中愛非杜拉特的金礦，或是黑鬍子海盜的寶藏，又怎麼會花數年的時間去尋求證悟？證悟被認爲和上述目標一樣難以達成。除了少數人還有興趣之外，多數人寧可忙其他的事也不願追尋神話。在全球人口暴增的今天，能以修「止」安住而得證的人，其比率之低可謂空前絕有。如果我們不嘗試其他方法，只恐怕證悟一事將從稀有淪爲絕跡。當前的人類正處於隨時可能被自己創造的尖端武器或環境惡化的災害滅亡，現在的我們比任何時候都需要能見到世界眞實相貌的能力。現在，我們就需要證悟的國家領袖、老師、科學家和藝術家，和我們一起走過這個艱難的時代，不能等到每個人都能如如不動地坐上四個鐘頭。

你對「將注意力集中在某個目標上四個小時的活動」大概也不感興趣。和任何高難度的技術一樣，它並非未經培養就能自然發生。當你從事自己的興趣時卻從不需別人提醒、更不必刻意保持專注。不論是修車、種花、繪畫、閱讀或是打電玩，大部分的人都有一、兩樣嗜好。當你樂在其中時，一心專注的境界，連高成就的靜坐大師都羨慕你，打從心裡覺得自己要是也能這麼熱情、專注就好了。

有些人認爲，既然證悟是打破概念式思考，無思無想，乾脆成天打坐，只求一念不生。如果生而爲人的目的就是如此，那我們還生著這個肉體作什麼？而且這個肉體還如此脆弱，容易損傷。人腦最極致的用途如果是爲了能到達不思考的境界，那腦容量的比例又何必生得這麼大？如果他們認爲烏龜生存最大的意義是靜靜地坐著什麼都不想，這種理論倒容易贊同。爲了達到證悟，你是必須超越概念式、組織化的思考才能達到言語無法描述的純淨體悟；但是在超越之前，你必須要先到達那個你想超越的地方。從未接觸過語言的孩童，長大成人後沒有語言能力，並不是因爲他超越了語言溝通的境界，他只是不會說話而已。不能以概念式思考理解世間智慧，又如何能超越這層概念？

爲了盡早擁有究竟智慧而早早地拋棄思考能力，甚至忽略了身心靈的健康，只會落得提前陣亡於證悟之道。當你飛馳在以「無概念思想」爲目的地的公路上，卻在離目的地一千哩之遙跳下車，拒看路標、拒絕辨識方向，或任何邏輯思考能理解的指示牌，你會發現這條路走起來漫長無比。有些人甚至只是不停地在原地打轉，看著自己的思緒一個接一個地於眼前飛逝。

如果將六波羅蜜比喻爲通往證悟的一座橋，過渡到彼岸的最後兩個臺階，即爲現在我們探討的「完全的當下」，及下一章的內容：「完全的融合」。千萬別因爲你對禪定抱著某些先入爲主的概念，偏離了這座橋而墜入萬丈深淵。六波羅蜜全程包括六波羅蜜，不是四或五波羅蜜。既然你已經了解了這麼多，不走完全程豈不是太可惜了。

試想：「觀呼吸」能在你迷路的時候讓你知道自己身處何方嗎？集中精神在一個禪修的對境上，而不去安排自己的生活，能幫你將散亂的生活恢復得井然有序嗎？疑惑時不思考怎麼知道下一步該怎麼做？如果你的問題是沉迷玩命式的終極冒險，靜坐倒是能讓你減少冒險的機會，原因只是：當你終日坐在墊子上時，想同時兼顧冒險犯難的生活還眞難。如果你的毛病是注意力渙散，那麼硬是強迫自己專注在一個禪修的對境，聽來比較像是解決問題的好辦法，還是不可能的任務？假如你

的問題是做事總是虎頭蛇尾，那麼靜靜地坐著、無思無想，眞的能幫你解決問題嗎？若你總在事後才對自己的所作所爲悔不當初，專注於自己的呼吸除了能讓你避免回想不堪的往事，讓大腦休息幾分鐘之外，眞的對你解決問題有幫助嗎？

分析式禪修與止觀兩者，同爲帶來正面覺受的技巧，卻不是能幫我們深入煩惱根源、斬草除根的了悟。因爲上述煩惱源於第二類的根本無明。你不可能一輩子都在打坐，每當起身出定之時，無明就在你轉身之際伺機而動。自問無明煩惱從何生起？是由於不觀呼吸、不能清楚地在腦中觀某個形像，還是能坐著不動的時間太短？答案顯然都不是。

無明煩惱究竟從何生起？

解開「時間」與「空間」的概念束縛，是化解無明煩惱的第一步。

認識何謂「完全的勇氣」之後，當你決心超越被我們稱之爲「恐懼」的概念，直接面對無明煩惱的根源時，你得全面超越一切的概念。

儘管這些概念對你的世俗生活有幫助，但是不超越它們，你就不得不成爲它們的階下囚。多數情況下，很多基本觀念在我們的意識裡加上一層認知，卻不影響我們覺察世界的能力。「語言」這個令人驚嘆的架構概念，就是一個絕佳的例子。就算你不認得「綠色」這個字，不代表你看不到綠色；這個字雖然被使用在不同的綠色上，但即使認識了「綠色」這個字，之後也不會改變肉眼能看見綠色的功能。

生活裡存在著許多有害的基本概念。基本上有三種概念在生活上扮演溝通和組識的能力，對生存而言顯然很重要，但它們同時也加深了無明煩惱，儼然成爲證悟之道上的一大阻礙。第一種是我們在完全的勇氣一章裡探討的「恐懼」。恐懼雖然對生存有利，但是當你決心超越無明時，它是你必須面對的第一項挑戰。

當你終於超越恐懼，擁有見到世間實相的勇氣，接著要挑戰的對象便是打從你有記憶以來就離不開的兩種基本概念：時間與空間。對時空的錯誤認知正是造成我們身陷無明煩惱，不快樂的原因。這個觀念普及和內化的程度使我們難以窺見它的全貌。不夠靈敏的覺知能力，使我們在庸俗概念中，將自己在時間與空間裡的存在方式理所當然地視爲絕對的正確。在接下來的兩種波羅蜜裡，我們將一探沒有既定概念的世界。「完全的當下」讓我們得以見到沒有時間的世界，「完全的融合」則是讓我們領會沒有空間的世界。聽來似乎很玄，但眞相其實既不神秘、魔幻，也不宗教。了解它不但比中規中矩地坐上四個小時簡單，也比較合乎邏輯。毋需為剪斷無明煩惱而逃避時間與空間，坐在宇宙黑洞中央，我們只需要看清自己透過時間和空間這二種概念製造出來的幻相。當你能毫無阻礙地運用時空概念過世間生活，在此同時超越「概念」的限制，得以見到沒有時空的眞實世界，表示你已開悟。

假如無明煩惱像是兩條交叉路，我們對時間的誤解正是那第一道叉路。要解除此無明煩惱唯有體驗完全的當下。

究竟何為「當下」？「當」是什麼？「當」即存在、生命、事實。傾向哲學思考的人總懷疑自身存在的眞實度，這個問題其實不難理解。你所存在的世間也許眞的只是一面鏡子，鏡子裡呈現出煙霧迷濛的幻相，而其中所有的一切，包括你的人生和身處的世界都只是幻相。這意味著什麼？這個問題始於一絲懷疑：「難道呈現在肉眼前的，就是世界的全貌了嗎？它的背後是否隱藏著我看不到的一面？」

懷疑是思考能力的表現。人之所以爲人，正是因爲我們擅於分析、擁有智慧。懷疑的時候，在找到自己滿意的答案前，請保持懷疑的態度，不輕言相信。現在就讓我們來剖析這個疑點：萬一眼前的世界只不過是個幻相呢？

很多事實都證明，世界存在的眞相和我們肉眼所見的不同，例如地球表面看起來是平的，而太陽看起來似乎是繞著地球旋轉。這些常識讓我們知道，不能單憑外相斷定眞相。眞相知道得越多，只會令人訝異自己其實什麼都不知道。但爲什麼世界存在的眞相，非得和我們觀念中的一樣？難道我們的觀察和判斷絕對不會出錯？當然不是，只要是人都會犯錯。這個世界的存在不但和我們認知的世界不同，並且永遠不會相同。

以有限的心智能力，我們也許永遠無法百分之百見到實相的全貌。萬一眼前的一切都非眞實，那什麼才是眞實的？如果你對眞實的定義是肉體與物質的存在，那麼你大可鬆一口氣。世間物質確實存在。儘管它所佔的比重沒有你想像中的那麼大，但小至我們的身體，大至地球都是由物質組成的。

要是這一切都只是一場夢呢？如果它是夢，我們顯然會有醒來的一天。在夢中也好，清醒也罷，重點是我們不想火上添油，製造無謂的煩惱。既然此刻煩惱成了我們的障礙，重點便是在當下竭盡所能地去消除煩惱。萬一哪天我們眞是從夢中醒來，發現我們的世界和眼前的世界完全不同，就讓那個世界的問題等我們醒來再想辦法吧！

自身存在的事實，比我們究竟如何存在還來的重要。至於我們是以固體、半固體，在夢中還是清醒，萬物的存在是一如眼前所見，或者一切顯相只是大腦跟我們開的玩笑，這並不是很重要。你對自身存在的看法，會因爲某天你被告知組成血液的元素不是鐵、是銅而改變嗎？假使你發現構成人體的基本元素不是碳，其實是別的元素，這對你而言又有多重要？這些事實跟你生活中的悲喜有交集嗎？重點在於，我們知道自己在某種程度上以某種方式存在。我們有意識，因此能覺察到這一點。就算我們無法證明自我能以其他方式存在，至少我們能視它爲意識體；意識的存在當然也是一種存在。

自身的存在不是經由刻意努力培養才能存在的。「存在當下」不是人爲思想的產物，而是存在的原始狀態。完全地活在當下，並不是在本來的狀態上增添任何色彩，而是純粹地體會這種本然的狀態。我們總免不了將時間的概念加諸於本質之上，若想體會本然的狀態就得超越「時間」這個概念。要解除根本無明的煩惱，光有追尋智慧的勇氣顯然是不夠的，你還得有時間。幸運的是，我們的時間多得很，我們擁有數不盡的「當下」。

存在現前當下的體驗太簡單了，簡單得令人難以理解，好比心臟天天努力跳動，被我們視爲理所當然。也許在此生中，你感覺自己心跳的時間加起來不到幾分鐘，但是在它停止跳動的刹那，你會發現它對你有多重要。

心識只存乎當下。心既不能在時間上超越當下，當時間的洪水向前推進，它也不能留在原地。我們總是與時間並肩而行，但是我們的感覺似乎不是這樣。我們覺得時間似乎可以在瞬間從未來跳到從前，「當下」則在轉眼間成爲過眼雲煙。我們用很多的時間在期待，但是當那一刻到來時卻轉瞬即逝，之後我們又用漫長的時間埋首於回憶中。難道心識留在過去和未來的時間，比留在現在還多？有可能嗎？

當然不可能。除非你有一架秘密時光機，否則你不可能到得了除了當下以外任何的時間，當然也不可能回到過去或未來。縱然它們只是不實的幻相，我們卻經常徘徊在虛幻的過去和未來裡。過去的事實總是和記憶裡的有差距，因爲我們保留的是自己對事情的想法和解釋。記憶歷經時間的洗禮，被添上一抹帶著期望、色彩繽紛的故事；未來存在的實相也總是和想像中的不同，它是由想像力投射出的虛擬故事。

心總是對你說：把所有的注意力放在過去和未來吧，它們很珍貴！當你把時間耗費在被成見渲染的回憶，或是心投影的虛擬未來世界，同時也虛度了你唯一的眞實存在：當下。奇怪的是，我們對環境做出的反應，也就是我們的觀點和解釋通常都比當下晚一步。當我們覺察到眼前出現一隻熊的時候，熊的位置已經變動了；耳朵聽見雷聲時，雷電其實發生於數秒鐘之前。傳輸和解讀訊息兩者皆需時間，我們卻只能在事情發生之後覺察，覺察之後再經解讀才能理解。雖然大腦對環境刺激的反應很快，但是再快也無法在事情發生時同步理解。事情發生之後傳到我們這裡，經覺察後再加以解讀。當我們了解訊息時，新聞已成舊聞。例如我們在郊外聽到的小鳥啾啾聲，其實是發生在過去，從遠處傳來的回音。我們總是慢半拍。爲了能對周遭所發生的事作迅速的回應，我們不能等到察覺事情已經發生了才回應，而是得找出事情發生的規則，以便預估短期內情勢的走向。

在足球場上傳球的時候，你必須先觀察你和隊友之間的距離，估計球要花多少時間才能傳到隊友那裡，接著再用恰到好處的力道將球踢往你估計的方向。這股力道是能將球傳到隊友未來的位置，而不是現在的位置所需的力道。如果你把球往他現在的位置踢，球肯定傳不成，因爲當球滾到目的地時，隊友已經離開之前的位置了。

雖然，藉著五官我們能覺察四周的動靜，卻無法以得來的訊息判斷環境中訊息來源「當下」正確的狀況和位置。你聞得到空氣中瀰漫著蘋果派香甜的氣味，卻不確定蘋果派在哪裡；你感覺得到光線刺進眼裡，但是解讀此一訊息後，卻不曉得光源移到哪兒去了？聲波鼓動耳膜之後你是可以聽見聲音，卻無法在聽見的同時確定聲音的來源。五官覺察到的訊息也許能告訴你自身的狀態和處境，卻不能讓你確定當時訊息來源的狀況。若眞想擁有完全活在當下的體驗，你必須體悟：從五官接受到的覺受，其實只是從過去傳來的回音，哪怕這個體驗只發生在一瞬間。毋須刻意封閉、漠視五官的覺受；不必停止你正在處理的事情，更不必拒絕五官受到刺激後的反應，試圖減少、甚至完全停止正常活動，對你沒有任何幫助。

不要幻想除了眼睛見其所見、耳朵聞其所聞、鼻子嗅其所嗅、嘴巴嚐其所嚐、肌膚觸其所觸之外，它們能讓你知道目前確實發生了什麼事。大部分的時候，我們的覺察都不眞實。現在看看自己的房間。你能看見房間眞實的樣子嗎？有沒有看見物品上的塵埃和破損？爲了省時省力，我們常將事物的形貌存放在記憶裡，能看見的往往是預期中事物應該呈現的樣貌，而不是它們眞實的樣子。看家人的照片時，你看到的是相紙和彩色油墨，還是關心的人的身影？通常我們在事物上附加一層特殊意義，遮蔽了直接觀察的能力。要是你仔細端詳照片，觀察照片裡人物身體的形狀，當照片裡的人和你面對面時，和他們照片裡的形狀是否相同？大腦會自動修補、調整遺失或變型的部分，將它拼成你記憶裡可辨識的形像。看v8影片時，你會下意識地將影片連接起來，不會去注意跳片晃動的部分，看了一陣子之後，你甚至會漸漸忽略影片的瑕疵，專注在故事的內容上。改變的是你的意識，還是片子的品質？

在我們的五官中，稱眼睛和耳朵爲始作俑者實不爲過，通常我們都透過眼耳解讀語言和視覺象徵的意義。除此之外，我們還會根據假設做推論，將大腦空白的部分塡滿推理得到的結果。以不同的筆跡爲例，雖然每個人都有自己鬼畫符的風格，但是除了你原來就看不懂的文字之外，你能看懂各式各樣的筆跡。儘管說同一種語言的人口音南轅北轍，卻聽得懂彼此說的話。

五官之中的味覺和觸覺就更靈活了。我們不會浪費太多精神解讀他們感知的訊息，畢竟這兩個感官的覺受與我們自身安危息息相關。身體感到疼痛時，我們會馬上遠離痛源，不會思考疼痛的意義、判斷它是否會威脅到自身安全後才做出反應。味覺的作用跟觸覺相似，嚐起來味道奇怪的食物會被我們吐出來，因爲我們相信身體的保護機制能避免我們吃下有害健康的食物。我們甚至可以透過學習去解除這種自體保護機制，小朋友喝酒後身體的反應就比成人來得劇烈。

我們也會因爲本身的概念讓感官變得更加遲鈍。無明煩惱多來自於大腦無法抓住當下的這一刻，因而產生挫折感。大腦如此地慣用複雜精細的神經系統去探觸外在刺激與訊息，但是無論如何，卻除了大腦本身的狀態之外，得不到與外界同步的訊息。重點在於：如果它無法抓住「當下」，換言之即是它唯一、眞實存在的那一刻，那麼它如何肯定自己的存在？

在此挫折之下，它只有緊緊地抓住過去和未來，以便創造自導自演的故事，在這種狀態中，時間是無限的。它可以一邊編寫故事的結局，一邊隨心所欲地對此結局下結論並以此證明自我的存在，同時在自我世界裡扮演全知的角色。大腦既無法改變已經發生的事實，也無法掌握能改變未來的因素，它只有編織幻相。試著抓住當下就像眼鏡掛在自己臉上卻到處找不著。不論你現在想的是過去、現在還是未來，是隨著身體的感官起舞或是對其充耳不聞地打坐，你只能活在當下。並不是因爲你是天生幸運兒，也不是你的禪修境界高人一等，而是萬法唯存乎於當下。

在讀這本書的人是你嗎？我現在指的就是你。

在克服無明障礙的道路上的下一步，就是不再和自身做無謂的抵抗和掙扎，徹底了悟自身只存乎當下，領悟完全的當下。

後悔和內疚皆爲活在過去的副作用。由於無法預測外在發生的一切事情，也因此無法及時採取對策，現實總是和理想相違。在挫折感的驅使下，我們在心中一次又一次地重溫當時的情境，好編織夢想的完美大結局。應該認清的是，能採取行動去改變結局的時間點曾經一度擁有，現在已成過去。要是你不想讓令人後悔的事有機會發生，那麼與其浪費時間幻想：「要是當時不那麼做……就好了。」還不如將注意力放在身邊正在發生的事情上。就算你沒能在事情發生的當下立刻反應過來，但是在得到最新的消息後即刻反應、立刻處理，其效果應該是最好的。

沉醉於幻想世界並不能幫你對當下身邊所發生的事保持覺知。你很喜歡冒非必要的險嗎？你沉迷在刺激活動裡嗎？挑戰極限刺激活動，其實是用一種比較另類、極端的方式體驗「活在當下」。處在生死一線間的刺激下，除了當下的危險之外所有的顧慮都消失於無形。當你體悟完全的當下，實相可以是在自家的草坪上割草，也可以是在高空跳傘中，因此你大可不必爲了對自己證明什麼而跳傘，你可以單純地享受高空跳傘的樂趣。

覺知當下，便是眞正的禪修。

活在未來的人容易患上做事虎頭蛇尾、猶豫不決和精神不集中的毛病。不論手邊正在做什麼，內心總是期待、幻想不遠處也許存在著比目前更好、更值得追求的事物；深怕自己錯過任何好東西，不停地從這一處跳到另一處，不容自己錯失任何機會。這如同你去影城買了兩張票，接下來的兩小時，每個廳你都溜進去看看。在A廳還沒坐穩心裡就禁不住著急：已經錯過好多B廳的劇情了！你趕緊衝到隔壁廳。就這樣，兩小時後電影散場了，你卻連一個完整的故事都沒看到，只記得一堆零星片段。你希望自己的人生只有膚淺的經驗和零碎的記憶，還是有意義、有深度？爲了遠方的美景而放棄眼前的花園，這跟以幻想取代實際體驗有什麼不同？夢想多如繁星，付諸實行的計畫則屈指可數，如果這聽來很像你，別忘了偶爾讓夢想有實現的機會。

體驗完全的當下是解除困惑的良藥。爲已發生的事困擾毫無意義，過去的終究已成往事。在還能爲事情做改變時，憂心未來只會替自己增加負擔，令自己無法專注於當下。拋開白日夢，拋開漫無目的卻終日庸庸擾擾的思緒，轉而專注地覺察自心、覺察四周正在發生的轉變，如此琢磨自己的覺察力，使其更清晰敏銳，當你面臨做決定的關鍵時刻，該如何應變、該採取何種策略，自然了然於心。

你容易感到寂寞嗎？爲什麼人會寂寞？寂寞的人朋友不見得少，但是他們往往不喜歡和自己的思緒獨處。透過完全當下的體驗，便能透徹地洞察自己對過去經驗的想法和對未來的不安。這種體驗能解除獨處的寂寞。因爲你知道雖然這是你的概念、你的幻想，但既不是眞實的過去，也不是眞的未來，在當下根本不存在。只有當下才是做決定和採取行動的時刻。

體驗完全的當下即爲體驗自身存在的實相。你毋須向他人、甚至是自己證明此點。過往的回憶和未來的憧憬都是你的概念，你眞正擁有的只有現在。渴望見到實相的你，請記住：你只能在「當下」開悟。

眞的口渴的人在見到水的那一刻只想喝個痛快。他不會懷疑這水是不是海市蜃樓，也不會停下來分析它究竟有幾分的眞實。他不會發現水了還想等到下個水源再解渴，也不會在離開後才感到後悔，祈禱未來還有機會。對先人證悟的故事滿懷憧憬也好，幻想自己也許未來能證悟也罷，兩者皆不能代替你自己證悟的眞實體驗。一如我們的思想、行動和感受，證悟只能發生在當下。

體認完全的當下，能消除我們由對「過去」和「未來」的錯誤認知產生的無明煩惱。我們誤以爲它們不只是腦海中的概念思維，直到現在還眞實地存在。

遇事猶豫不決、無法集中精神、過度興奮和瘋狂迷戀，這些症狀都是自心替過去和未來編織幻相，好讓自己無法體驗生命的當下。當你覺知自身的存在，儘管和想像中的不同——只有當下的存在，我們就稱它爲禪定。拋開時間被切分爲過去、現在、和未來的假象，「當下」唯有清明的心所覺照的智慧。

6

智慧

圓滿的智慧

了知自身存在與萬物融爲一體；
萬物相互依存、本爲一體。

清明的智慧對我們有什麼幫助呢？生活在資訊爆炸的時代，我們的選擇豐富、琳瑯滿目，這眞的很棒，可不是嗎？在人類史上，我們可是破了紀錄，第一次能像現在這樣，收集任何資訊都難不倒我們。只要有電腦和網路，每一則剛錄好的新聞、各個領域的新知和世界各地的新發現都在你的掌控之中。我們想獲得的新知、想認識的人都在輕點滑鼠間就辦到了。

由於任何時間、任何人都能上傳、更新這個大知識庫，現代百科全書不再是一年更新一次，而是隨時有新的資料、隨時需要更新。只要是還在人類的可知範圍內，無論想學什麼都很容易。由於人類已經擁有非常豐富的知識，進一步鑽研原有的資訊更加快了資料庫成長的腳步。

身處於資訊萬花筒的我們，不就像活在天堂？

我們擁有能戰勝饑荒和瘟疫的科技；我們知道生活中哪些因素可能危及健康，也知道該採取什麼措施去消除它們，我們還知道該如何偵測危及生存的災害，甚至能事先預防。論知識、論技術我們都不虞匱乏。許多問題我們都已找到解答，至於剩下的問題，只要找找資料、多用點兒心也都難不倒我們。這麼看來，我們的生活應該已經很完美了？果眞如此，爲什麼這個世界還是亂糟糟的？

隨著人口增加，我們的問題也日漸增加，兩者皆創了新高。知識不但沒有被用在解決問題上，反而製造了更多的問題。就算你不是激進主義者，應該也不難發現現今人類所面臨的危機。如果你曾關心過世界現況，哪怕是只關心過一分鐘，你都會覺得有點兒不安。你關心過環保問題、全球暖化和環境汙染嗎？你憂心過戰爭與傳染病的威脅嗎？你曾想過目前世界上還有多少人饑腸轆轆、營養不良嗎？你擔心過暴力威脅可能危及自身安全嗎？這些問題到底是從哪兒來的？難道我們眞的無法創造出讓人人安和樂利的世界？

六波羅蜜告訴我們，智慧波羅蜜能解決人類一切的苦惱。通常，我們所說的智慧是透過學習的經驗去熟悉、獲得某種知識。知識豐富表示擁有充足的資訊，遇到問題時更能加以化解，不是嗎？自古以來人類就藉著這種方式在生物界演化至今。我們認爲，只要再發掘一種新知識、證明一條新定理，就能得到眞理。等到我們學完所有的知識，就能無所不知。

在資訊增加的同時，我們也變得越來越專精。人們在各自的領域裡鑽研，針對一門學科不斷地收集資料，鉅細靡遺，滴水不漏。大學不但有主修，而且學位越高研究的主題越狹窄。

現代文學家用一輩子的時間研究詹姆斯．喬伊斯的《尤利西斯》；從前歷史學家研究古希臘學，現在歷史學家研究西元前五二五到五一二年的古希臘陶器；從前物理學家觀察太陽系，現在物理學家研究線性理論。我們將沙灘上找得到的每塊小石子都掀開來檢查，再分門別類，到現在還是拼不出一幅完整的圖。走了這麼長的一段路，我們到底是哪裡做錯？不幸的是，基於以下幾點，人類無法靠知識解決當前的危機。

第一個悲哀的事實：知道問題存在，不代表關心問題的程度足以令當事人下定決心找出解決的方案。更悲哀的是，就算找到了解答，也不代表我們會用它來處理危機。既然答案已經握在手中卻不加以運用，又何必費心尋找其它的解答？既然這份長長的待處理事件名單已經被我們扔在一旁，眞的有必要再把名單加長嗎？

若想實際運用方法解除當前的重大危機，我們的共識應該是將「解除危機」列爲首要任務。當然，全球的政治領袖也應該把解除危機視爲自己的頭條任務。可惜的是，我們短視近利，不願以短期努力換取長期利益。多數政治領袖只關心一己私利，一心爲自己和幕僚追求金錢利益，處心積慮爲的是保護政權，而不是爲人類的未來努力。人們將自身安全與榮衰託付給這些領袖，他們卻選擇辜負人們的信任。關鍵時刻迫在眉睫，人類的未來就掌握在這些領導者的手中。究竟人類的未來是朝向正極或負極？沒有人比這些掌握政權的領導者對全世界人類的影響力更爲迅速深遠。正因爲如此，我們負擔不起將權力交給投機分子所需付出的代價。

選舉前若不詳查候選人的品德，選舉後我們就得「被迫」去認識其品德。只有當我們選出的政治領袖將知識運用於解除人類的痛苦，而不是作爲私利的工具，我們才能創造出讓人類足以自豪的世界。此外，時下追求學問的方法也讓我們無法善用新知。爲了追求專門知識，我們先把世界切成小碎片，鑽研過後又將其切成更小的碎片鑽研。我們鼓勵最有才能、IQ最高的精英份子窮其一生鑽研自己的領域，埋首於顯微鏡下，從不抬頭觀察周遭的世界。

他們被自己的研究綁住了，從來不跟樓下辦公室裡其他領域的學者比對研究日誌。長久以來，知識領域被區隔開來，學者們一頭栽在裡面之後，因視野被阻隔而看不到全景。我們的精英滿腦子學問都集中在一個又窄又深的隧道裡，和多數人隔離……能跟他們分享、學習的對象眞的是太少了。專精某種學問固然重要，但是這些學問必須能和整體世界觀整合。

想游出無明煩惱的大海，不能只是使勁地鑽小水道，還要將水道匯成大河，大河再匯集成智慧大海，如此無明自然消融於大海。

我們若能覺察各科之間壁壘分明的楚河漢界、探索各科之間的關連，也許就能見到在分門別類的背後其實隱藏著超越界線的眞相。教育的寬度應該和深度成比例，科學與人文並重的教育不應永遠只是個夢想，爲了解決當前的難題、爲了全面解讀地球的危機，我們需要的是全人教育。

「究竟智慧」是萬物存在的實相，是超越語言、概念的眞相。

另一個過度依賴知識產生的問題便是：知識是相對的。佛學裡的智慧有兩種：相對智慧與究竟智慧。「知識」是將很多複雜的資料、訊息和事實的碎片收集在一起，它們都是相對事實。每個獨立的意識體都有一份專屬自己的收藏，因此在看同一件事情時，沒有人的角度是完全相同的，也就是——沒有兩個人擁有完全相同的事實。以下幾點說明了知識爲什麼屬於相對事實。

肉眼見到的影像是相對的：

●當兩個人在看同一件物體時，看到的畫面並不相同。事實上，就連雙眼同時看一件物品時，看到的也不是相同的畫面。正因爲兩眼同時接收的畫面不同，所產生的視差使視覺具深度效果。由於我們不可能在同一個時間點，從不同的角度去觀察同一個物體，因此看到「物體所產生的視覺影像」和「它存在的眞實樣貌」間永遠有差距。

●價值是相對的——生命本身即充滿競爭。極少數事物能符合每個人的最後利益，因此個人價值觀不同。

●我們所認知的事實，會隨著對事情了解的深度而改變。昨天的事實可能是今天的迷信。「相對事實」並非指個人因觀點不同而產生的差異。速度和方向就是兩個透過比較才能成立的事實。在某些情況下，就連時間和空間存在的概念都能被瓦解。

●世間生活所接觸的事實是無常的，因爲它們經常隨著「因」的影響力產生變化。吸收新知、分析思考固然有它的樂趣，更是一種改善生活的技能和必需品，但是這種知識的追求是永無止盡的。

由於大腦只能藉概念式的思考解讀任何事物，因此它只能解讀事物在相對層面的事實。另一個方面，在全體人類的知識百寶箱裡，收藏著自開天闢地以來曾經活過、以及未來即將來臨的每一個生命體的觀點和他們生命歷程的感受，百寶箱裡收藏的知識更是無時無刻都在增長。由於個人的大腦無法吸收如此龐大的訊息，因此個人無法得知所有的相對智慧。

究竟智慧，也就是萬物存在的實相，比相對事實更難理解，是超越語言、概念的眞相。

爲什麼究竟智慧如此難解？讓我舉一個類似的物理常識來說明這個現象。我們很早就知道不能用傳統測量工具去測量微小的量子，因爲傳統工具和量子單位差距太大，兩者無法相容，這就好比不能用量卡車的地磅量出一隻跳蚤的體重。唯有工具或重量單位其中一種改變、彼此相容時，工具才量得準。換言之，不是跳蚤的比重變重就是卡車的地磅要變得很精微，其中一方或雙方都要改變。認識實相也是如此。主體的「我」很難了解客體的究竟事實，因爲兩者處在不同的狀態，不處於相容的系統之內。通常我們透過概念和思想進行思考，究竟實相卻非如此。演變至我們這個階層的究竟實相，卻被我們以相對實相的方式認知——這種實相我們也已經了解了。若想了解究竟實相，也就是在絕對的狀態中了解絕對眞相，必須將自心進化到絕對狀態。

爲了到達這個狀態，你必須先拋下「概念式的想法」，就像在機場通關時先卸下槍械一樣。我們完全無法以有限的思維詮釋絕對的世界。理論上而言，究竟實相是無法以言語形容的。難道我們眞的無法完全了解這兩種實相嗎？要是至少能完全了解其中的一種，我們會比較甘心吧？證悟到底是什麼狀態？它屬於哪一種事實？證悟應該不只是知道「相對事實」而已，那樣就不叫證悟了；它也不應只是鉅細靡遺地學習、知道所有人類知識庫裡的內容，再頂尖的天才也沒有這種能力——人類的大腦是很神奇，但這還是超出了我們的能力範圍。

證悟不可能只是從概念上理解究竟實相，因爲究竟實相的定義即爲「超越一切概念」。證悟也並非體驗絕對眞相後完全拋棄思想、概念和語言能力。佛陀若一直處於無思無想、超越語言的狀態，那我們也無法受持佛法。如果一直處在那樣的狀態，那麼佛陀不但不能說法，甚至無法過世間生活。事實並非如此；相反地，佛陀在世時非常活躍，大轉法輪。這麼說來，證悟者究竟是處於相對事實，還是究竟事實的狀態呢？

談到證悟時，免不了要談到另一種事實：「接近事實」。理論上它屬於「相對事實」，因爲它尙屬我們能理解、思考的範圍。接近事實是此範圍內最接近究竟事實的智慧，它好比人類智慧的前哨，當我們對物質世界的了解越來越深入的同時，這個前哨也持續向前推進，似乎離那個遙不可及的究竟實相越來越近了。

這個隱形的前哨有如證悟的墊腳石，是最接近究竟實相的頂峰。雖然接近事實和證悟位居相對智慧的頂鋒，但兩者都還在相對事實的範圍之內，是我們可以理解的。採用科學的方法或邏輯思考領悟這種智慧並沒有分別。用什麼技巧和方法實非重點，重點在於所領悟的智慧。儘管現在還不完全了解究竟實相，培養覺察的智慧還是很重要。許多現今無法解釋的現象，未來在人類的知識庫裡只是一般的常識。就如同微生物學曾經只是在紙上發表的學說，現在使用顯微鏡觀察微生物已經是小學的標準課程。曾經，我們只能憑空想像其它星球地表的模樣，現在，我們把照相機送上太空拍攝實景。爲了定位日新月異的科技，新詞彙有如雨後春筍般地誕生了。

越能充分地運用思維和分析、使用的辭彙越精準，越能用語言清楚地描述出自我和心識之間的關係，及如何透過體驗萬物的自性、見到究竟實相。

也許我們永遠都找不到足以形容究竟實相的語言，但是我們能以地圖清楚地標示出通往智慧前哨的路線，引導人們用理性思考前往智慧的前哨。這就好像雖然我們無法一一描述大峽谷的宏偉瑰麗，但是只要你願意親自開車去到那裡、用自己的眼睛欣賞，就能循著地圖找到這個地方。

該如何獲得究竟智慧，或者更接近它？擋在你和究竟智慧之間的障礙，其實是你自己，或者該說：是你「概念裡的自己」。現在我們就來分析這個被你稱爲「我」的，是一個什麼樣的概念。

在你想法中的「我」包含了什麼？是什麼樣子的？這個組合的單位是單獨的

嗎？是你的身體、你的情緒、你的思想觀念、你的行爲還是你的心智？除了這些還包括什麼？答案也許是「都是」，卻不可能單是上述任一獨立的部分。你是它們的集合，卻不是它們。要是你失去了上述任何一個部分，那麼你還是你嗎？一隻失去一隻腳的椅子還是椅子嗎？萬一你的大腦受傷，完全無法感覺到「悲傷」，那麼你還是你嗎？要是你的一隻眼睛失明了呢？如果你左半側肢體癱瘓，有行動障礙呢？如果你暫時失去記憶力，那麼你還是你嗎？如果你是包含這麼多變數的組合體，那麼你還是一個獨立的個體嗎？

我們都知道，有生必有死，我們每天都在成長、老化、胃裡消化的食物……每天都不一樣。既然每天都在改變，爲什麼還是覺得此刻的自己和下一刻沒有什麼不同？你是獨立的個體嗎？你有自己的工作、自己的收入、自己的想法，有人因此認爲自己是完全獨立的個體，這只是一個錯誤觀念。你之所以存在，是因爲父母造了你的色身，所以你的存在倚靠父母。你還得依靠他人的勞力才得以享用各式美味的佳餚。你的呼吸仰賴地球的大氣層，你的生活仰賴肉體的器官和四肢。你本身就是完全因果典型的例子。「因」造就了現在的你，同時你也正在造就更多的「因」。現在的你是因緣結成的果，影響著周遭的人。

該如何界定「我」的範圍？我們都明白當下的智慧，知道自我的存在，但是究竟自我以什麼樣的方式存在？當你提到「我」的時候，你指的究竟是什麼呢？「我」從哪裡開始，從哪裡結束？「我」的範圍是以皮膚爲界線嗎？「我」從什麼時候開始，將來會在什麼時候結束？「我」的起點爲出生，終點爲死亡？表面上看來，我們好像是與他人分離的獨立個體，一個恆常、固定、不可分的個體。

無明煩惱的第三部分，也是最後的一部分，來自一個錯誤的概念：我們誤以爲自身與外在的人事物爲，分別獨立的存在。

知道你眼中的自我跟它表面上所顯現的不同，是接近究竟實相的第一步。

我們對空間的概念造成了分別的假象。首先，我們很巧妙地創造了「遠」、「近」分離的概念。心先是創造了「我」這個概念，這個概念是怎麼被造出來的呢？跟蓋房子的原理相同。想像在你前面有一片曠野，接著你在原野上鋪設地基、建造牆壁，從此以後，曠野上只要是屬於四面牆裡的一切都歸於是房子的。

由於人類對觸覺的偏愛，雖然世界如此寬廣，萬物彼此相互依存，心識卻在不知不覺中以皮膚爲界線，將裏在裡頭的一切歸爲「我」。幼兒常將父母和自己的小東西，例如玩具，視爲自己的一部分。所以孩子們常把「我的」掛在嘴邊。直到慢慢長大後，在成長過程中向成人學習劃分界線的方法，學習成人的模式。父母在潛意識裡常不自覺地將孩子視爲自己的一部分，直到孩子到了兩歲左右、開始劃分自己的界線爲止。這時父母將面臨被自己的一部分「背叛」的挑戰，直到父母界定「我」的範圍漸漸縮小，回到自己的身體範圍。

「我」的範圍不限於自己，它還可以擴大到自己的政治、宗教、國家和民族。當我們認同某些團體，成爲它們的一份子，就會將自己的命運和這個團體潛在的難題和未來的發展串連在一起。但是這一部分的我不似自身肉體，是源於自己的選擇。由於是自己認同的選擇，自己可以控制。

這個叫作「我」的概念不但有不同的解讀方式，而且很有彈性，可見「我」不只是有形的肉體。我們經常以心目中的偶像爲目標，塑造理想中的我，也時常接受他人的暗示去定義「我」。

「我」這種概念近似於文化，是學習得來的習慣和觀念。我們以這個概念在原來開放遼闊、瞬息萬變的存在裡畫了第一個點，接著，你繼續觀察、解讀、定義各種現象，於是產生了第二個、第三個點。你先用概念去定義一團毛皮裡裝著器官的動物是「狗」，所以從被定義爲狗的生物裡排出、在樹下的石頭邊散發異味的，當然就不叫作狗了。

你先界定範圍，在這個基礎上推論，這個概念才會有其意義。事實上，在認知的過程中，你和眞實的狗之間並無交集。有交集的是「我」的概念、附加在這個概念裡的一切想法，和「我」對「狗」的概念。這個認知的過程還會產生更多的附加概念，比如你會假設這隻狗之前在這裡做了什麼。

概念裡的我扮演著代理人的角色，我們不論做任何事都透過此代理人。要是你將一隻蒼蠅看成三斑家蚊殺死了，蒼蠅雖然不是毒蚊子、只是你的錯誤認知，但這個錯誤還是造成了蒼蠅被你殺死的事實。

一旦你創造了兩個點——例如「我」和「狗」——就創造了距離的概念，再加上測量的概念，兩者之間就產生了可測量的「距離」。將這兩個點延伸爲三個點，空間的概念於是誕生了。一開始沒有設定這些點，根本沒有可測量的距離。想像有人給你一張白紙，要求你在紙上量出座標間的距離，除非你先在心裡先畫幾個抽象的點，否則根本無法測量，只能對著白紙發呆。假設從來沒有人建立法國和阿爾及利亞這兩個國家，那麼兩國之間的距離有多遠？無法測量，不是嗎？

領悟實相不像用打孔機在紙上打孔，每個洞之間的距離都一樣，它不是毫無彈性、毫釐不差、精準無誤。假設你手上有一片麵包，決定怎麼切麵包的是你自己，決定哪部分是麵包、哪部分是麵包皮的——還是你自己。知道你眼中的自我跟它表面上所顯現的不同，是接近究竟實相的第一步。

下一步就是去觀察、分析這個概念和周圍一切事物之間的關係。當我們談到相對事實與究竟事實的時候曾提到，只有當我們的相對智慧進化到與究竟智慧能相容時，才能領悟究竟事實。不僅如此，當主體的「我」與客體（究竟事實）演化至相容的層次時，單是「我」的存在和對「我」的覺察，都會影響到客體存在的狀態，同時，客體也會影響和改變主體存在的狀態。

我們一直都在同一個「它」，在我們自己的「它」裡面。

別小看這個現象，雖細微，但是對萬事萬物存在的狀態影響可謂舉足輕重。這個主客體之間的影響法則雖然細微卻不容忽視。大部分的時候都覺察不到，只有在某些狀況下才會被凸顯，但是它對各個層面的存在狀態有著舉足輕重的影響。

早期的人類學研究，可以很清楚地看到這種主客體之間的影響。早期人類學家爲了研究與世隔離的部落風俗，移居到這些部落裡，這些人類學家影響了部落人民的生活習性，部落的風俗習慣也影響了人類學家。最後我們得到了一個結論：一旦科學家們住進異地，受到異國風俗的影響，部落人民也會受到影響，因此沒法得到客觀、中立的研究報告。雙方的交流使得被研究的對象和研究者彼此互相「傳染」，但是若沒有彼此交流，了解一個民族和其風俗語言當然就更難了。

觀察外在世界的實相時，該如何避免這種影響？這跟我們在物理實驗室遇到的問題是一樣的。假如儀器沒有被改良爲與實驗對象相近，就無法測得準確的數值。但是如果改良後的儀器跟實驗對象太相近，當它一接觸實驗對象，實驗對象無法避免受到它的影響而改變，致使兩者波長混在一起後無法辨識。

由於這時儀器已經成爲實驗對象（系統）的一部分，雖能接觸無數的小單位，卻無法分析整個系統的狀況。當兩者的相似度讓彼此能毫釐不差地解讀對方，它們還算是分離的個體嗎？這時，兩者儼然是同一個系統的一部分。

現在，請你看看四周，宇宙萬物，你所見的一切，都是系統的一部分。

正因系統對你的影響很大，活在系統中的你已然成爲系統的一部分。至於你的工作、你在系統中扮演的角色，則以你依附系統的方式而定。而系統，宇宙現存的狀態，也因你和其他成員的狀態而定。你本身由此系統所造、生活在此系統之間，當生命走到盡頭，你已不再是你，但是構成你的分子將繼續留在系統裡。

你和宇宙之間的關係可以比喻成肝臟和身體的關係。肝臟不是肚子的產物，而是身體的一部分。你並不是依賴宇宙爲生命源頭的宇宙之子，而是宇宙整體的一部份。肝臟靠身體的組織和器官長成，跟身體連接；身體爲其提供養分、排泄廢物、並保護它，爲其阻擋病毒，使其不暴露在外。肝臟能發揮肝功能要歸因於身體其餘的器官，而它的功能也是爲了回應身體系統的需求。身體所有的器官都要靠肝臟才能維持正常的功能，移除肝臟必然會影響消化系統等身體各部分的功能，同時也會改變原來的身體構造。少了肝臟的你會和現在的你大不相同，反之，肝臟這個小肉袋少了也不可能維持現狀。身爲系統的你和你的肝臟一起構成現在的「你」，至於你所屬的系統，則要依賴大地、依賴地球而生存。

失去了地球的你命運將如何？就像失去身體的肝臟。你和地球緊緊相連，親密度猶如身體之於肝臟。你安居在地球的懷抱裡，吸取地球由四面八方供給的養分。你的呼吸讓氧在身體的血管裡循環，此循環又和包裹地球的綜合氣團——大氣層相接。除了腳之外，和大地、地殼相接的還有消化系統。我們極像踩高蹺的蚯蚓，吸收及排泄土壤中的礦物質。我們的呼吸及消化系統和整個地球生物圈的生命系統相連。例如植物將二氧化碳轉爲我們需要的氧，而動植物的身體則提供我們所需的食物。

我們與水之間的關係更是密不可分，人體非脂肪的組織當中有72％是水，我們的身體屬於地球水循環的一部分。人體內的水分會隨著空氣中的水分蒸發，大熱天在戶外活動時這種現象格外明顯，空氣中的熱度以每小時1品脫的速度吸乾我們的水分，我們的皮膚在潮濕的空氣中會像樹木和土壤般地吸水。我們從出生、教育及生活所需都離不開別人。一個被丟在野地的孩子，將因缺乏生活補給品而難以存活。從父母那裡得到的幫助和教育越少、越早離開父母的小孩，其生存率越低。要是小孩長大後沒有遇到一位異性同胞，就沒有後代了。

表面上看來，我們位居地球食物鏈的最上層，但我們同時也隸屬這個生命系統的一部分。

地球的運作系統與太陽系有關，單把地球從太陽系剔除就能讓整個太陽系產生劇變，目前地球公轉的模式使得其它行星維持自己的公轉。同樣地，要是只有地球繞著太陽轉，地球就不能維持目前的生態，甚至完全沒有生命存在。除了其他的行星，我們也依靠太陽而存在。地球若失去太陽就沒有生命；而失去地球，太陽燃燒的速度也會隨之改變。太陽系依存於宇宙，反之亦然。即使是小小的原子突然崩解，瞬間變化的威力也會讓我們不得不正視一個事實——連原子般微小的系統都是這個系統的一部分。

除了自身肉體之外，我們的存在還依靠自己的內在及生活在其中的世界。畢竟我們都深受影響，不可能完全與之分離。我們的存在和之彼此交融，除非發生劇烈變化，將彼此的關連一一瓦解，否則兩者是分不開的。正因如此，排除系統的任一部份都會影響我們。肝臟感染了是可以割除，卻會在環境中腐爛。腐爛的過程難免對地球造成一連串的污染，最後當然還是會影響我們。那麼垃圾呢？既然拒絕囤積的垃圾，又不想挖掘掩埋場，何不將垃圾壓縮成垃圾球射到太空？這麼一來就能擺脫它了，不是嗎？也許我們從此不會再聽到那團汽水罐和尿布球的消息，但太陽系凡是靠近或接觸它的物體都會受其影響，這些物體終將再接觸其它物體。至於我們直接被它污染的機會大不大？可能很大也可能很小，可能就算有污染我們也感覺不到。唯一能肯定的是，這對我們有一定的影響。即使將垃圾球射到太陽系之外，無論最後到達哪個星系，終究會影響我們。

無論你去到哪裡都無法逃離彼此依存的關連和連鎖效應。我們到得了的都屬系統影響的範圍，也就是自心的一部分。那麼，這個既大又錯綜複雜的系統終點在哪裡？請想想：什麼樣的空間完全沒有和其他空間交集的邊界，既沒有開始也沒有結束？萬物所處的位置可以改變，所處的狀態也能被轉變，不過我們無論走到哪裡都離不開它的範圍。我們一直都在同一個「它」，在我們自己的「它」裡面。

在普遍的觀念裡，知識就是智慧，但是「圓滿的智慧」是一種萬物融為一體的經驗。雖然我們以為自己是分別存在的個體，但是分析式思考令我們覺察到「自己」實非獨立的存在。自身生命的每一部分都是藉由無數因緣的存在。當你體驗到一向被「我」高高地戴在頭頂上的「我」本質為「空」，自然能在當下體驗一切顯相的自性。

覺醒即為體驗「空」。這雖然是最重要的關鍵，但師父們卻不直接傳授。傳授空正見之前，師父若不是要求學生做很多前行，就是將它披上一層朦朧的面紗。引導人們證悟的道路跟目的地同樣令人難以捉摸。西元一世紀時，印度的龍樹大師早為空性寫下十分清楚的定義。為什麼現象（萬法）為空？因為現象：

● 無常。

● 緣起（因著其它的現象而存在）。

● 我們的概念將其視爲分別的存在。

● 並非不存在。

● 本身不能獨立存在，實際上是以融合、一體的狀態存在著。

加上之前的六波羅蜜，可以得知空性有下列幾項特質。

● 完全的無常：世間無常，世界總是不停的在改變。

● 完全的自由：我們可以擁有不受概念拘束的自由。

● 完全的因果：萬物皆非獨立存在，是因果的產物。

- 完全的無畏：任何世間事，任憑你付出再多的心血去完成，還是無法跳脫概念的範圍，因其爲概念的產物。
- 完全的當下：空是覺知我們此時此刻的存在，並不是一切都不存在。
- 完全的一體：了解自身與其它萬物是一體的。

接下來，便是去認識萬物的空性。只要覺察到物體個別的空性，自然會同時體驗到萬法本爲一體的圓滿。

當你看到一架鋼琴，你知道雖然它現在看來固定不變，但先前它尚未存在，未來也勢必會損毀。當你看到一隻筆，也許它看來是一隻獨立存在的筆，但是它的存在源起於製筆工廠和廠裡的員工。你也會明白，雖然表面上汽車看來東奔西跑，但是不論跑到哪裡還是跑不出同一個系統；換個角度來看，它其實哪兒都沒去。你的腦海裡雖然儲存著「狗」這個概念和名詞，但存在腦中的只是一個詞彙和它所代表的概念，並不是一隻毛茸茸且長著四隻腳的、人類最好的朋友。

一旦將萬物分別的概念抽掉，你將見到彼此存在的關連環環相扣，無法分割——這就是合一，就是圓滿。對你個人而言，一體的範圍有多大？決定權在你自己的手上。

到底什麼是覺醒？只是平常我們所說的快樂嗎？覺醒代表完全沒有痛苦。先前我們曾一一仔細分析四種苦：一是肉體的苦和不滿足的苦，二是概念所造成的苦，三是行苦，四是無明煩惱之苦。雖然在我們的眼中這些苦可以分為四類，但事實上，這些只是心遇到因果的反射。假如沒有因果，沒有受到刺激，則苦無從生起。

只要心對周遭的變化不做出任何回應，不滿足的心也就不能存在了。行苦源於因果，架構和無明也是心對因果的回應。

假如我們能以了解存在的六波羅蜜來消除無明，那麼你離覺醒就只差這麼一步：解開因果的鎖鍊。

心識如光束般穿透物質、體驗物質，但對究竟事實而言，它們都不存在。

佛教將由業力循環中解脫的自由稱爲「涅槃」。「證悟」代表同時了解相對事實、接近事實與究竟事實這三個層面的實相。這個不受因果束縛的證悟位於何處？假如一切時空皆存於自心，怎麼還會有任何地方可去呢？

很幸運地，佛陀說，證悟是從「我在受苦」的「夢」裡醒來，不必去到任何地方。那麼圓滿又是什麼呢？圓滿包含一切萬物，也就是整體、一體的意思。大我本身就是一切的時空。存在是需要空間的，比如我們的身體需要存在「某地」；存在也是需要時間的，我們必須存在某一段時間裡，故我們的系統是根據時間和空間建立的。

一體包含一切時空又代表什麼意思呢？既然所有的存在都是「一體」的一部分，包括一切的時間與空間，表示沒有任何東西是存在「一體」之外的。假如我就是全部的空間，那麼「我」再怎麼移動都不會離開這個空間。假如我就是一切的時間，那麼我所存在的時間也不可能超出「整體的我」佔據的時間。我們曾經談到，至少要有一個或兩個以上的根據點才能創造出時間或空間，這裡的「一體」是其中的一個點，可是假如一體之外沒有其它的存在，那麼另一個點在哪裡？既然沒有任何東西存在一體之外，就沒有根據點，也沒有兩點之間可測量的時間與空間。我們表面上看起來是移動了，我們的眼裡也有一個獨立的我存在，問題是，肉眼見到的都是事實嗎？

讓我們進一步觀察「實相」的三個層面。在相對事實層面，事物看來是獨立分別的存在，生活經驗告訴我們這個事實。我們到店裡去買蔓越莓果醬時，不會想到農場和農夫、工廠和倉庫、年度降雨量、土壤肥沃度及地球相對於太陽的角度，我們只是想買瓶果醬，也願意付幾塊錢給生產果醬的人，從來不必去想整個生產過程。

在接近事實的層面，萬事萬物皆為因緣的產物，不是個別的存在。現在我們從接近事實的角度去思考，分析爲什麼萬物之間彼此相連，它們的存在又跟表面上看來有何不同。透過接近事實的角度來看究竟事實，你將發覺萬物在此融爲一體，所以因果在這個層面並不存在，存在的只有它所顯現的表相。爲什麼需要了解接近事實？不了解接近事實，就難以體會雖然萬物彼此互爲因緣，但在究竟層面既無因也無緣。

究竟事實又稱爲「超越概念的實相」，因爲概念思考無法了解時間和空間不存在的現象。

你能想像沒有遠近也沒有前後分別的世界嗎？就算你能想像，卻無法以言語描述。在我們的辭庫裡找不到能形容此現象的字句，沒有足以形容這個境界的詞語，究竟事實是我們無法確知的未知世界。知識本身即爲概念思考的產物，永遠留在相對事實的層面。表面上看來，我們存在相對事實裡，但這是表相。透過分析，我們了解自身以何種狀態存在，這是接近事實。但是，只有究竟事實才是自身存在的實相。我們的目標不是要超越因果、擺脫因果的束縛，這是不可能的。對生活在相對世界的我們而言，舉凡我們感受到的一切和一舉一動，無一不是因果。究竟事實卻沒有因果。覺醒能轉化與昇華其它的波羅蜜，此外，它也和其它的波羅蜜一樣，既不是靠你努力爭取而來的，也不需要你的證明和相信才能存在，因爲它本身就是存在的眞相，至於要不要覺察眞相完全是個人的選擇。

在我們看來，萬物、時間和空間各自分別存在，這只是我們的概念而已。要先有時間和空間才能有因果存在，以究竟的角度而言，這個事實就不成立了。如果萬物皆爲一體，沒有分別，那怎麼還會有兩個互爲因果的物體存在？何者爲觀者，何者爲被觀者？

因果就像是被投射在「究竟事實」這個大銀幕上虛幻的影像。在究竟事實裡，人的潛力能克服時空的限制。沒有刻苦用功、沒有得到成就、也沒有領悟，只有全然的自由，自身存在的每個層面內在皆爲解脫、皆爲自由。這種從業力煩惱中釋放的自由藏在你我的心中——這就是覺醒。但是有了這層體會不代表你可以爲所欲爲，因果與你的相對事實相連。

究竟證悟意指究竟實相沒有作爲，只有一縷棉花糖般的細絲在五光十色的心識樂園裡旋轉、閃爍著，並以千種姿態從每個角度去體驗它。

追求相對知識的目的是：毫無遺漏地知道所有的事，也就是「全知」。能見到在究竟事實的層面，萬法皆爲一體，但是在世俗生活中是分別獨立的存在；同時見到這兩者即為全知。你一直都活在這個眞相裡，現在你明白了。伽利略說：任何眞相只要發現了都不難理解，重點在於是否能發現它。

認識貫穿萬物存在的實相，也就是體會圓滿波羅蜜，比地毯式地收集所有的知識更能迅速地消除無明。有了這層體悟，你就可以正式和孤獨二字說再見。當你體會到在宇宙這個浩瀚的系統裡，無數和你互為因緣的生命都和你密切相連，怎麼還會感到孤單？

這種體認可說是認識人類當前危機的第一步。只有當地球上的每一個人都能覺察到世上的天災人禍沒有一件能獨立存在，破壞這個世界的任何一部分等於是在破壞自己，最後既沒有所謂的輸家，也沒有所謂的贏家，才可能解除人類和地球所面臨的危機。我們應該要以系統的角度去關心地球上的生命，而不只是把它們分成各種不同的元素；我們應該將視野放寬，並妥善運用當前的科技。認識圓滿的智慧能讓我們看清一個事實：我們的自然環境不只是某國的領地，任何一個擁有土地的國家都能奪其所需然後棄之不顧。我們和地球的關係不只是一夜情，因爲我們付不起這個代價。天下沒有白喝的牛奶，買牛的時候終於到了。

圓滿的智慧讓我們體會到，那看似發生在地球某個角落的飢荒和疾病，或多或少都會影響到自己。也許我們能暫時假裝看不到他人的門前雪，但是總有一天，當熱鍋上的螞蟻沒地方落腳，也只能爬到你家門口。到那時候，愛理不理可就由不得你了，沒有辦法的辦法通常是很醜陋的。當一個人走到盡頭的時候，還有什麼可損失的？

體驗圓滿的智慧是治療近視、短見的良方。當同屬一個系統的兩個機組發生碰撞，系統不但不能發揮全力，甚至還會當機。當你體會到所有生命都是自己的延伸，是自身的一部分，表示你已經領悟圓滿的智慧。活在圓滿的智慧裡到底是什麼滋味呢？當你看到沙漠裡的泉水，自己既是沙漠，也是泉水。當人們朝拜泉水時，你既是朝聖者，也是聖潔的泉水。當朝聖者在自身和泉水間築起了圍牆，那麼你也是那座圍牆。當遠遊的牧人歸來，自由自在地穿越圍牆，暢飲清涼的泉水，你就是那個牧人。

7

證悟了，接下來呢？

當你體悟完全的圓滿，另一種證悟的特質將自然而然的生起，那就是「慈悲」。一旦你發現曾被你視爲漠不相關的一切其實和你關係密切，你會將它們的利益看得和自己的一樣重要，你不希望看到自己不願受的苦發生在他們身上。大宇宙的任何一部分受傷，其中的成員也會受傷。你心裡明白，只要世界的痛苦指數上升，個人的快樂指數終究會下滑，這可不是一件好玩的事。

這個理論聽來自私得可怕，但是從究竟實相的角度看來，領悟圓滿智慧的「自己」，包含世上一切的現象、一切的緣起。這並非你對特定對象或事件的同情心，圓滿智慧無邊無際、沒有界線、沒有特定對象。它的範圍則是你眞實的身體：萬物。它包含一切的生命，包括全人類。

通常，我們認爲「同情他人的痛苦，希望能幫助對方」就是慈悲。雖然我們自認爲滿腔熱血的善行完全出於善意，但有時造成的傷害卻不比幫助少。

有多少次，個人的自由和隱私不見了，只因別人決意要你接受他們認爲你需要的「幫助」？你曾經以關心和同情之名強迫別人接受你的意見嗎？我們喜歡假想自己的動機都是無私、純淨的，事實上，我們做的每一件事都帶有目的。對別人慈悲是因爲我們喜歡替別人帶來快樂時的自己、享受善行帶來別人對自己的感謝、逃避自己的罪惡感等，這一類的原因很多。捫心自問，你確定自己的善行百分之百都出於：你確實知道該怎麼處理才能面面俱到，讓所有的人都得到最好的結果嗎？你擁有無所不知的智慧嗎？

通常我們只會對眼前正在受苦的人慈悲，或是同情比自己更苦的人，去認爲只要幫助對方，他就不會那麼苦了。見到比自己過得好的人，我們只會嫉妒、退縮，甚至鄙視。

想像在你面前有兩種人，一種是無家可歸的婦女，臉上寫滿背負家中五個幼兒的重擔與貧病的滄桑。孩子們各個衣衫襤褸，露出飢餓的眼神，其中有的孩子餓得腳軟，連站都站不直。做媽媽的眼裡則寫滿了身爲母親卻無力保護孩子的淒涼。現在你眼前還有另一種人，青年得志，西裝革履地在高級西餐廳裡一邊談笑，一邊享用牛排套餐。你比較同情哪一種人？雖然我們都會比較同情顯然身在痛苦的人，但是事實上，眾生都正處於痛苦和煩惱之中；站在這個角度上思考，其實並沒有人比別人過得好。

如果我們這個緣起的世間像大海，青年商人在浪頭，貧婦和孩童在浪底，兩者都會被打濕。眼前的幸與不幸皆非永恆，變化的一天總會到來。年老、疾病和死亡永遠不挑人；在相對事實的世界，沒有人不苦……爲什麼我們從不懷疑只關心特定對象合不合理呢？難道我們眞的目光如豆？

對已經證悟的人來說，愛全世界跟愛自己一樣簡單。

覺醒的慈悲和我們平常定義的慈悲不同，它不設定在特定的對象上。證悟者明白，眾生在相對事實裡所感知的苦雖然各個不同，但是其苦的本質是相同的，因此覺醒的愛不因對方境遇不同而有偏愛。這種不分別取捨的慈悲源頭是「愛」。

十四世達賴喇嘛談到證悟者的慈悲時，他說：「已經證悟的人，愛全世界跟愛自己一樣簡單。」他說：「如果你發現腳上有一根刺，你的手不會說：這不是我的問題，我又不是腳。手會自然地伸向腳，把刺拔起來。」這不是刻意的動作，而是當一個人對眞理有深刻的體驗時，自然會對整個宇宙生起使命感。凡夫的世界，皆因緣起的業果而生煩惱，證悟者卻能在萬物分離的幻相中見到其本爲一體的實相。他們知道，在究竟的層面「刺」和「受傷的腳」並不是完全分離的個體。證悟者不設定對象的慈悲，不是出自同情他人之苦和幫助他人之心，是見到他人究竟圓滿的自性而生起：「生命不需要被改造，只需要被愛」，究竟實相不能動搖，只能被擁抱。

覺知的慈悲跟同情不一樣。同情是爲他人的痛苦而悲傷，這不是理性的悲傷，原因如下。首先，他人處在悲傷中時，你在心中產生更多的悲傷對他人毫無幫助；這麼做只是加重了世間痛苦整體的比重。再者，當你看到別人的痛苦，卻看不到自己也在受苦，這只是自我欺騙。世上有各種各樣的苦，雖然型態不一，卻無人能

免，此點從不例外，沒有特權。

體悟究竟圓滿的實相能解除一切生命裡不必要的苦惱，唯一無法避免的是「活著」本身的苦。肉體疼痛的苦和隨著生命改變而來的苦是不能免的，你還是會肚子餓、生病、變老、死去，人類必經的過程你一樣也免不了，這些都不在選擇的範圍之內——很抱歉。不單是你，就連佛陀也沒有別的選擇。

在相對事實的層面我們有煩惱、有痛苦，在究竟事實的層面所有苦惱皆如幻影。在你的人生裡，不論你選擇認同哪一個層面的事實，或者兩種智慧皆認同，由你自己決定。培養人類對宇宙的使命感，並不代表擁有干涉他人的許可證，也不代表可以強迫別人接受你的想法。這種責任感不是指外在的行動，而是對正見的認同，也就是認同究竟事實甚於相對事實。這種使命感的來源是沒有分別的慈悲心，是不傷害的心，而不取決於個人認定的「幫忙」。

體會了存在的六波羅蜜，自然會生出不忍傷害之心。生命是由各種因緣和合的整體，本身即匯集上述的六波羅蜜，渾然天成。色身，即我們的身體是無常波羅蜜，生來即非永恆，必定會經歷成長、衰老及死亡；我們的情緒和意志是自由波羅蜜，雖然身、語和因果交纏在一起，但是情緒和意志雖然會受外界刺激產生波動，卻是自己可以選擇和控制的；我們處理事情的觀點是因果波羅蜜，遇到事情時指引我們度過難關；我們的生存意志是勇氣波羅蜜，充滿生命力，更是行動力的燃料；我們的心識是當下波羅蜜；我們存在的究竟實相則是圓滿波羅蜜。覺醒則包含了相對、接近、究竟三個層面的智慧以及上述所有的波羅蜜。

六波羅蜜不但可以幫助你解決相對事實世界裡的難題，而且對其它兩個面向的智慧也有很大的助益；熟習六波羅蜜，幾乎任何的困難都能迎刃而解。

假如當你很渴的時候，走著走著，看到一口水井，但是井很深。井裡有滑輪、繩子和水桶，你只要將水桶盛滿，從井底拉上來，一點也不難。所以你拉呀拉地，水桶終於慢慢地升上來，離口乾舌燥的你越來越近。當水桶離你只剩下一、二呎的時候，突然拉不動了，任憑你再怎麼用力，水桶還是停在那裡。問題終於出現了。

不了解因果波羅蜜的人，很快就灰心了。口乾舌燥卻喝不到水，失去耐性的你也許會猛拉繩子，最後繩子斷了、水桶墜回深井，就再也拿不到水了。想到因果的人知道水桶不動一定有原因，於是想辦法找出癥結。檢查過後，發現原來部分繩子打結，水桶才過不了滑輪。

不了解勇氣波羅蜜的人則會懷疑滑輪本身設計不良，乾脆打退堂鼓。繩子動不了就不能打水，他很可能選擇離開，到別的地方找水。認識勇氣波羅蜜的人，遇到困難的時候知道問題總是要解決，因此會下定決心，全力找出解決的方法。

不了解當下波羅蜜的人，分心的事情很多，老是舉棋不定。邊幻想喝水的情景邊回憶失敗的歷史，還邊自責爲什麼不早一點發現這個問題。把自己弄得很疲倦，後悔當初爲什麼要開始、要努力，於是他決定去找別的井。熟悉當下波羅蜜的人會選擇專心去克服眼前的難題。

不了解圓滿波羅蜜的人會仔細地觀察繩子、水桶和滑輪，收集很多零件的相關資料，細心研究每個細節，卻看不到整口井。體悟圓滿波羅蜜的人能看到零件是怎麼組合和操作，才能將水從井底打上來。此外，他也能清楚地見到自己是這個汲水系統裡不可或缺的一份子。雖然不必完全覺醒也能喝水，但是對覺醒的人來說，

「喝水」本身就像一場豐富的饗宴！

就算你無法經常同時體驗相對、接近、究竟三種實相，能淺嚐究竟實相也是一種難得的寶貴經驗。你能想像嗎，要是世上每一個人都嚐過覺醒的滋味，那我們的世界會有多麼不同！這個經驗會對我們之後所有的人生經驗發生很大的影響。就拿吃巧克力來說，在嘴裡吃十分鐘還是二十五分鐘的差別是什麼？重要的是，你現在已經知道巧克力的滋味了。

對你所體驗的一切抱著堅定不移的信心，是覺醒的一部分。

要是某個世代的父母們都走在追求覺醒的路上，雖然他們可能只有零星的體驗，但是對孩子們來說，覺醒是成長的一部份，不是神話，而是一個可實現的理想，將來這些孩子的下一代，也許就能完全實現這個理想。到那時，人類的意識將達到你無法想像的境界。而目前你所認同的幻相——苦，將成爲一個遙遠的夢。

相信經常保持覺知的你已經發現，其實自己向來都是覺醒的。是否要親身體驗這個事實，就是你自己的選擇了。

歡迎來到覺醒的世界。

覺醒之前，付帳單、煮飯；覺醒之後，付帳單、煮飯。

但是現在你能很清楚地見到自己無邊無際的影響力，並能從中見到自己的潛力。你已擁有影響緣起世間的力量，可以自由地運用以實現任何理想。

你能見到事物在表相的分別、接近實相的因果和一體的圓滿……你終於覺醒了。現在，你想做什麼？

橡樹林文化 ❖❖ 善知識系列 ❖❖ 書目

JB0001	狂喜之後	傑克．康菲爾德◎著	380元
JB0002	抉擇未來	達賴喇嘛◎著	250元
JB0003	佛性的遊戲	舒亞．達斯喇嘛◎著	300元
JB0004	東方大日	邱陽．創巴仁波切◎著	300元
JB0005	幸福的修煉	達賴喇嘛◎著	230元
JB0006	與生命相約	一行禪師◎著	240元
JB0007	森林中的法語	阿姜查◎著	320元
JB0008	重讀釋迦牟尼	陳兵◎著	320元
JB0009	你可以不生氣	一行禪師◎著	230元
JB0010	禪修地圖	達賴喇嘛◎著	280元
JB0011	你可以不怕死	一行禪師◎著	250元
JB0012	平靜的第一堂課——觀呼吸	德寶法師 ◎著	260元
JB0013	正念的奇蹟	一行禪師◎著	220元
JB0014	觀照的奇蹟	一行禪師◎著	220元
JB0015	阿姜查的禪修世界——戒	阿姜查◎著	220元
JB0016	阿姜查的禪修世界——定	阿姜查◎著	250元
JB0017	阿姜查的禪修世界——慧	阿姜查◎著	230元
JB0018X	遠離四種執著	究給．企千仁波切◎著	280元
JB0019	禪者的初心	鈴木俊隆◎著	220元
JB0020X	心的導引	薩姜．米龐仁波切◎著	240元
JB0021X	佛陀的聖弟子傳1	向智長老◎著	240元
JB0022	佛陀的聖弟子傳2	向智長老◎著	200元
JB0023	佛陀的聖弟子傳3	向智長老◎著	200元
JB0024	佛陀的聖弟子傳4	向智長老◎著	260元
JB0025	正念的四個練習	喜戒禪師◎著	260元
JB0026	遇見藥師佛	堪千創古仁波切◎著	270元
JB0027	見佛殺佛	一行禪師◎著	220元
JB0028	無常	阿姜查◎著	220元

JB0029	覺悟勇士	邱陽・創巴仁波切◎著	230元
JB0030	正念之道	向智長老◎著	280元
JB0031	師父——與阿姜查共處的歲月	保羅・布里特◎著	260元
JB0032	統御你的世界	薩姜・米龐仁波切◎著	240元
JB0033	親近釋迦牟尼佛	髻智比丘◎著	430元
JB0034	藏傳佛教的第一堂課	卡盧仁波切◎著	300元
JB0035	拙火之樂	圖敦・耶喜喇嘛◎著	280元
JB0036	心與科學的交會	亞瑟・札炯克◎著	330元
JB0037	你可以，愛	一行禪師◎著	220元
JB0038	專注力	B・艾倫・華勒士◎著	250元
JB0039	輪迴的故事	慈誠羅珠堪布◎著	270元
JB0040	成佛的藍圖	堪千創古仁波切◎著	270元
JB0041	事情並非總是如此	鈴木俊隆禪師◎著	240元
JB0042	祈禱的力量	一行禪師◎著	250元
JB0043	培養慈悲心	圖丹・卻准◎著	320元
JB0044	當光亮照破黑暗	達賴喇嘛◎著	300元
JB0045	覺照在當下	優婆夷　紀・那那蓉◎著	300元
JB0046	大手印暨觀音儀軌修法	卡盧仁波切◎著	340元
JB0047X	蔣貢康楚閉關手冊	蔣貢康楚羅卓泰耶◎著	260元
JB0048	開始學習禪修	凱薩琳・麥唐諾◎著	300元
JB0049	我可以這樣改變人生	堪布慈囊仁波切◎著	250元
JB0050	不生氣的生活	W. 伐札梅諦◎著	250元
JB0051	智慧明光：《心經》	堪布慈囊仁波切◎著	250元
JB0052	一心走路	一行禪師◎著	280元
JB0054	觀世音菩薩妙明教示	堪布慈囊仁波切◎著	350元
JB0055	世界心精華寶	貝瑪仁增仁波切◎著	280元
JB0056	到達心靈的彼岸	堪千・阿貝仁波切◎著	220元
JB0057	慈心禪	慈濟瓦法師◎著	230元
JB0058	慈悲與智見	達賴喇嘛◎著	320元
JB0059	親愛的喇嘛梭巴	喇嘛梭巴仁波切◎著	320元
JB0060	轉心	蔣康祖古仁波切◎著	260元

JB0061	遇見上師之後	詹杜固仁波切◎著	320元
JB0062	白話《菩提道次第廣論》	宗喀巴大師◎著	500元
JB0063	離死之心	竹慶本樂仁波切◎著	400元
JB0064	生命真正的力量	一行禪師◎著	280元
JB0065	夢瑜伽與自然光的修習	南開諾布仁波切◎著	280元
JB0066	實證佛教導論	呂真觀◎著	500元
JB0067	最勇敢的女性菩薩——綠度母	堪布慈囊仁波切◎著	350元
JB0068	建設淨土——《阿彌陀經》禪解	一行禪師◎著	240元
JB0069	接觸大地——與佛陀的親密對話	一行禪師◎著	220元
JB0070	安住於清淨自性中	達賴喇嘛◎著	480元
JB0071/72	菩薩行的祕密【上下冊】	佛子希瓦拉◎著	799元
JB0073	穿越六道輪迴之旅	德洛達娃多瑪◎著	280元
JB0074	突破修道上的唯物	邱陽·創巴仁波切◎著	320元
JB0075	生死的幻覺	白瑪格桑仁波切◎著	380元
JB0076	如何修觀音	堪布慈囊仁波切◎著	260元
JB0077	死亡的藝術	波卡仁波切◎著	250元
JB0078	見之道	根松仁波切◎著	330元
JB0079	彩虹丹青	祖古·烏金仁波切◎著	340元
JB0080	我的極樂大願	卓千拉貢仁波切◎著	260元
JB0081	再捻佛語妙花	祖古·烏金仁波切◎著	250元
JB0082	進入禪定的第一堂課	德寶法師◎著	300元
JB0083	藏傳密續的真相	圖敦·耶喜喇嘛◎著	300元
JB0084	鮮活的覺性	堪千創古仁波切◎著	350元
JB0085	本智光照	遍智　吉美林巴◎著	380元
JB0086	普賢王如來祈願文	竹慶本樂仁波切◎著	320元
JB0087	禪林風雨	果煜法師◎著	360元
JB0088	不依執修之佛果	敦珠林巴◎著	320元
JB0089	本智光照——功德寶藏論　密宗分講記	遍智　吉美林巴◎著	340元
JB0090	三主要道論	堪布慈囊仁波切◎講解	280元
JB0091	千手千眼觀音齋戒——紐涅的修持法	汪遷仁波切◎著	400元
JB0092	回到家，我看見真心	一行禪師◎著	220元

JB0093	愛對了	一行禪師◎著	260元
JB0094	追求幸福的開始：薩迦法王教你如何修行	尊勝的薩迦法王◎著	300元
JB0095	次第花開	希阿榮博堪布◎著	350元
JB0096	楞嚴貫心	果煜法師◎著	380元
JB0097	心安了，路就開了：讓《佛說四十二章經》成為你人生的指引	釋悟因◎著	320元
JB0098	修行不入迷宮	札丘傑仁波切◎著	320元
JB0099	看自己的心，比看電影精彩	圖敦．耶喜喇嘛◎著	280元

橡樹林文化❖❖成就者傳記系列❖❖書目

JS0001	惹瓊巴傳	堪千創古仁波切◎著	260元
JS0002	曼達拉娃佛母傳	喇嘛卻南、桑傑．康卓◎英譯	350元
JS0003	伊喜．措嘉佛母傳	嘉華．蔣秋、南開．寧波◎伏藏書錄	400元
JS0004	無畏金剛智光：怙主敦珠仁波切的生平與傳奇	堪布才旺．董嘉仁波切◎著	400元
JS0005	珍稀寶庫——薩迦總巴創派宗師 貢嘎南嘉傳	嘉敦．強秋旺嘉◎著	350元
JS0006	帝洛巴傳	堪千創古仁波切◎著	260元

橡樹林文化❖❖蓮師文集系列❖❖書目

JA0001	空行法教	伊喜．措嘉佛母輯錄付藏	260元
JA0002	蓮師傳	伊喜．措嘉記錄撰寫	380元
JA0003	蓮師心要建言	艾瑞克．貝瑪．昆桑◎藏譯英	350元
JA0004	白蓮花	蔣貢米龐仁波切◎著	260元
JA0005	松嶺寶藏	蓮花生大士◎著	330元
JA0006	自然解脫	蓮花生大士◎著	400元

橡樹林文化❖❖衆生系列❖❖書目

JP0001	大寶法王傳奇	何謹◎著	200元
JP0002X	當和尚遇到鑽石（增訂版）	麥可・羅區格西◎著	360元
JP0003X	尋找上師	陳念萱◎著	200元
JP0004	祈福DIY	蔡春娉◎著	250元
JP0006	遇見巴伽活佛	溫普林◎著	280元
JP0009	當吉他手遇見禪	菲利浦・利夫・須藤◎著	220元
JP0010	當牛仔褲遇見佛陀	蘇密・隆敦◎著	250元
JP0011	心念的賽局	約瑟夫・帕蘭特◎著	250元
JP0012	佛陀的女兒	艾美・史密特◎著	220元
JP0013	師父笑呵呵	麻生佳花◎著	220元
JP0014	菜鳥沙彌變高僧	盛宗永興◎著	220元
JP0015	不要綁架自己	雪倫・薩爾茲堡◎著	240元
JP0016	佛法帶著走	佛朗茲・梅蓋弗◎著	220元
JP0018C	西藏心瑜伽	麥可・羅區格西◎著	250元
JP0019	五智喇嘛彌伴傳奇	亞歷珊卓・大衛一尼爾◎著	280元
JP0020	禪　兩刃相交	林谷芳◎著	260元
JP0021	正念瑜伽	法蘭克・裘德・巴奇歐◎著	399元
JP0022	原諒的禪修	傑克・康菲爾德◎著	250元
JP0023	佛經語言初探	竺家寧◎著	280元
JP0024	達賴喇嘛禪思365	達賴喇嘛◎著	330元
JP0025	佛教一本通	蓋瑞・賈許◎著	499元
JP0026	星際大戰・佛部曲	馬修・波特林◎著	250元
JP0027	全然接受這樣的我	塔拉・布萊克◎著	330元
JP0028	寫給媽媽的佛法書	莎拉・娜塔莉◎著	300元
JP0029	史上最大佛教護法一阿育王傳	德千汪莫◎著	230元
JP0030	我想知道什麼是佛法	圖丹・卻淮◎著	280元
JP0031	優雅的離去	蘇希拉・布萊克曼◎著	240元
JP0032	另一種關係	滿亞法師◎著	250元

JP0033	當禪師變成企業主	馬可・雷瑟◎著	320元
JP0034	智慧81	偉恩・戴爾博士◎著	380元
JP0035	覺悟之眼看起落人生	金菩提禪師◎著	260元
JP0036	貓咪塔羅算自己	陳念萱◎著	520元
JP0037	聲音的治療力量	詹姆斯・唐傑婁◎著	280元
JP0038	手術刀與靈魂	艾倫・翰彌頓◎著	320元
JP0039	作為上師的妻子	黛安娜・J・木克坡◎著	450元
JP0040	狐狸與白兔道晚安之處	庫特・約斯特勒◎著	280元
JP0041	從心靈到細胞的療癒	喬思・慧麗・赫克◎著	260元
JP0042	27%的獲利奇蹟	蓋瑞・賀許伯格◎著	320元
JP0043	你用對專注力了嗎？	萊斯・斐米博士◎著	280元
JP0044	我心是金佛	大行大禪師◎著	280元
JP0045	當和尚遇到鑽石2	麥可・羅區格西◎等著	280元
JP0046	雪域求法記	邢肅芝（洛桑珍珠）◎口述	420元
JP0047	你的心是否也住著一隻黑狗？	馬修・約翰史東◎著	260元
JP0048	西藏禪修書	克莉絲蒂・麥娜麗喇嘛◎著	300元
JP0049	西藏心瑜伽2	克莉絲蒂・麥娜麗喇嘛◎等著	300元
JP0050	創作，是心靈療癒的旅程	茱莉亞・卡麥隆◎著	350元
JP0051	擁抱黑狗	馬修・約翰史東◎著	280元
JP0052	還在找藉口嗎？	偉恩・戴爾博士◎著	320元
JP0053	愛情的吸引力法則	艾莉兒・福特◎著	280元
JP0054	幸福的雪域宅男	原人◎著	350元
JP0055	貓馬麻	阿義◎著	350元
JP0056	看不見的人	中沢新一◎著	300元
JP0057	內觀瑜伽	莎拉・鮑爾斯◎著	380元
JP0058	29個禮物	卡蜜・沃克◎著	300元
JP0059	花仙療癒占卜卡	張元貞◎著	799元
JP0060	與靈共存	詹姆斯・范普拉◎著	300元
JP0061	我的巧克力人生	吳佩容◎著	300元
JP0062	這樣玩，讓孩子更專注、更靈性	蘇珊・凱瑟・葛凌蘭◎著	350元
JP0063	達賴喇嘛送給父母的幸福教養書	安娜・芭蓓蔻爾・史蒂文・李斯◎著	280元

JP0064	我還沒準備說再見	布蕾克．諾爾＆帕蜜拉．D．布萊爾◎著	380元
JP0065	記憶人人hold得住	喬許．佛爾◎著	360元
JP0066	菩曼仁波切	林建成◎著	320元
JP0067	下面那裡怎麼了？	莉莎．瑞金◎著	400元
JP0068	極密聖境．仰桑貝瑪貴	邱常梵◎著	450元
JP0069	停心	釋心道◎著	380元
JP0070	聞盡	釋心道◎著	380元
JP0071	如果你對現況感到倦怠……	威廉．懷克羅◎著	300元
JP0072	希望之翼：倖存的奇蹟，以及雨林與我的故事	茱莉安．柯普科◎著	380元
JP0073	我的人生療癒旅程	鄧嚴◎著	260元
JP0074	因果，怎麼一回事？	釋見介◎著	240元
JP0075	皮克斯動畫師之紙上動畫《羅摩衍那》	桑傑．帕特爾◎著	720元
JP0076	寫，就對了！	茱莉亞．卡麥隆◎著	380元
JP0077	願力的財富	釋心道◎著	380元
JP0078	當佛陀走進酒吧	羅卓．林茲勒◎著	350元
JP0079	人聲，奇蹟的治癒力	伊凡．德．布奧恩◎著	380元
JP0080	當和尚遇到鑽石3	麥可．羅區格西◎著	400元
JP0081	AKASH阿喀許靜心100	AKASH阿喀許◎著	400元
JP0082	世上是不是有神仙：生命與疾病的真相	樊馨蔓◎著	300元
JP0083	生命不僅僅如此──辟穀記（上）	樊馨蔓◎著	320元
JP0084	生命可以如此──辟穀記（下）	樊馨蔓◎著	420元
JP0085	讓情緒自由	茱迪斯．歐洛芙◎著	420元
JP0086	別癌無恙	李九如◎著	360元
JP0087	什麼樣的業力輪迴，造就現在的你	芭芭拉．馬丁＆狄米崔．莫瑞提斯◎著	420元
JP0088	我也有聰明數學腦：15堂課激發被隱藏的競爭力	盧采嫻◎著	280元
JP0089	與動物朋友心傳心	羅西娜．瑪利亞．阿爾克蒂◎著	320元
JP0090	法國清新舒壓著色畫50：繽紛花園	伊莎貝爾．熱志－梅納＆紀絲蘭．史朵哈＆克萊兒．摩荷爾－法帝歐◎著	350元
JP0091	法國清新舒壓著色畫50：療癒曼陀羅	伊莎貝爾．熱志－梅納＆紀絲蘭．史朵哈＆克萊兒．摩荷爾－法帝歐◎著	350元
JP0092	風是我的母親	熊心＆茉莉．拉肯◎著	350元
JP0093	法國清新舒壓著色畫50：幸福懷舊	伊莎貝爾．熱志－梅納＆紀絲蘭．史朵哈＆克萊兒．摩荷爾－法帝歐◎著	350元
JP0094	走過倉央嘉措的傳奇：尋訪六世達賴喇嘛的童年和晚年，解開情詩活佛的生死之謎	邱常梵◎著	450元
JP0095	【當和尚遇到鑽石4】愛的業力法則：西藏的古老智慧，讓愛情心想事成	麥可．羅區格西◎著	450元

善知識系列　JB0098

修行不入迷宮：沿著六波羅蜜邁向覺醒

作　　者／札丘傑仁波切 Za Choeje Rinpoche
譯　　者／莊和穎
圖片提供／吳繼文
編　　輯／張威莉
行　　銷／顏宏紋、李君宜

總 編 輯／張嘉芳
出　　版／橡樹林文化
城邦文化事業股份有限公司
台北市民生東路二段141號5樓
電話：(02)25007696　傳眞：(02)25001951
發　　行／英屬蓋曼群島家庭傳媒股份有限公司城邦分公司
台北市中山區民生東路二段141號2樓
讀者服務專線：0800-020-299
24小時傳眞服務：(02)25170999
讀者服務信箱E-mail：cs@cite.com.tw
劃撥帳號：19833503
戶名：英屬蓋曼群島商家庭傳媒股份有限公司城邦分公司
香港發行所／城邦（香港）出版集團有限公司
香港灣仔軒尼詩道235號3樓
電話：(852)25086231　傳眞：(852)25789337
馬新發行所／城邦（馬新）出版集團【Cité (M) Sdn.Bhd. (458372 U)】
41, Jalan Radin Anum, Bandar Baru Sri Petaling,
57000 Kuala Lumpur, Malaysia.
電話：(603)90578822　傳眞：(603)90576622
Email：cite@cite.com.my

版面構成／歐陽碧智 abemilyouyang@gmail.com
封面設計／江孟達工作室 cmdd.studio@gmail.com
印　　刷／韋懋實業有限公司

初版一刷／2014年12月
ISBN／978-986-6409-89-9
定價／320元

城邦讀書花園
www.cite.com.tw

國家圖書館出版品預行編目（CIP）資料

修行不入迷宮：沿著六波羅蜜邁向覺醒／札丘傑仁波切著. -- 初版. -- 臺北市：橡樹林文化，城邦文化出版：家庭傳媒城邦分公司發行，2014.12
面；　公分. --（善知識系列；JB0098）
ISBN 978-986-6409-89-9（平裝）

1.佛教修持

225.7　　103021288

廣　告　回　函
北區郵政管理局登記證
北 台 字 第 10158 號
郵資已付　免貼郵票

104 台北市中山區民生東路二段 141 號 5 樓

城邦文化事業股份有限公司
橡樹林出版事業部　收

請沿虛線剪下對折裝訂寄回，謝謝！

橡樹林

書名：修行不入迷宮：沿著六波羅蜜邁向覺醒　書號：JB0098

橡樹林文化

讀者回函卡

感謝您對橡樹林出版社之支持，請將您的建議提供給我們參考與改進；請別忘了給我們一些鼓勵，我們會更加努力，出版好書與您結緣。

姓名：＿＿＿＿＿＿＿＿ □女 □男 生日：西元＿＿＿＿＿年

Email：＿＿＿＿＿＿＿＿＿＿＿＿＿＿＿＿

●您從何處知道此書？

□書店 □書訊 □書評 □報紙 □廣播 □網路 □廣告 DM

□親友介紹 □橡樹林電子報 □其他＿＿＿＿＿＿

●您以何種方式購買本書？

□誠品書店 □誠品網路書店 □金石堂書店 □金石堂網路書店

□博客來網路書店 □其他＿＿＿＿＿＿

●您希望我們未來出版哪一種主題的書？（可複選）

□佛法生活應用 □教理 □實修法門介紹 □大師開示 □大師傳記

□佛教圖解百科 □其他＿＿＿＿＿＿

●您對本書的建議：

＿＿＿＿＿＿＿＿＿＿＿＿＿＿＿＿＿＿＿＿

＿＿＿＿＿＿＿＿＿＿＿＿＿＿＿＿＿＿＿＿

＿＿＿＿＿＿＿＿＿＿＿＿＿＿＿＿＿＿＿＿

非常感謝您提供基本資料，基於行銷及客戶管理或其他合於營業登記項目或章程所定業務需要之目的，家庭傳媒集團（即英屬蓋曼群商家庭傳媒股份有限公司城邦分公司、城邦文化事業股份有限公司、書虫股份有限公司、墨刻出版股份有限公司、城邦原創股份有限公司）於本集團之營運期間及地區內，將不定期以 MAIL 訊息發送方式，利用您的個人資料於提供讀者產品相關之消費與活動訊息，如您有依照個資法第三條或其他需服務之務，得致電本公司客服。

我已經完全瞭解左述內容，並同意本人資料依上述範圍內使用。

＿＿＿＿＿＿＿＿＿＿＿＿（簽名）